최면, 써드 제너레이션
: 에고를 넘어서

| 의식을 여는 마스터키 최면, 두 번째 이야기 |

최면, 써드 제너레이션
: 에고를 넘어서

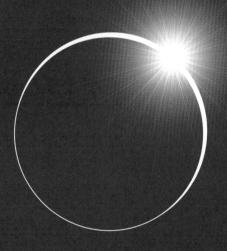

마스터 최면 트레이너 문동규 지음

Hypnosis, Third Generation
: Beyond Ego

이 책의 전작인『의식을 여는 마스터키, 최면 : 메즈머리즘에서 울트라 뎁스®까지』가 출간된 지 어느덧 4년여의 시간이 지났다.

비록 한국어로 쓰인 책이지만 출간당시 여러 국내외의 최면 전문가들이 이 책의 출간을 축하해 주었고 비단 최면분야 뿐만 아니라 다양한 계통의 많은 분들이 이 책에 관심을 보여주셨다. 감사하게도 한국이 아닌 멀리 해외의 전문가나 동포들 중에서도 이 책의 내용에 공감하며 격려의 메시지를 보내주신 분들도 계셨다.

전작인『의식을 여는 마스터키, 최면』에서는 기성 최면가들에게도 다소 생소한 영역인, '울트라 뎁스® 프로세스'라는 최면의 독특한 기저상태들을 활용하여 인간의식을 탐구하는 새로운 패러다임을 지닌 분야를 소개했다. 울트라 뎁스® 프로세스는 과거에 세계적으로도 공식적인 출간 서적을 통해 비중 있게 소개되거나 다뤄진 적이 없는 미지의 분야였다. 그런 점에서 전작은 울트라 뎁스® 프로세스를 비중 있게 소개하는 것을 넘어서, 그것에 관한 보다 심층적인 차원의 언급을 기록한 세계 최초의 책이기도 했다.

이 책은 전작에서 언급한 개념과 내용의 연장선상에서 기술하고 있다. 전작에서 언급하지 못했거나 간략히 언급했었던 여러 주제들을 확장하여 다루며 중요도에 따라 반복적인 언급과 설명으로 특정 요소들을 강조하고 있다. 가급적 전작에서 기술했던 부분에 대한 설명은 최소화할 것이므로 아직 전작을 읽지 않고 이 책을 접한 독자라면, 먼저 전작을 읽고 이 책을 읽기를 권한다.

저자가 최면 상담사라는 직업적인 프로로서 활동을 행하던 15년여 전의 상황만 하더라도 한국의 최면인구는 소수에 불과했고 더욱이 직업적인 상담활동을 하는 전문가들의 수는 한 손가락에 꼽을 정도로 드물었었다.

하지만, 불과 10~20년 사이에 프로와 아마추어들을 통틀어 한국의 최면인구는 당시에 비해 양적으로 크게 증가했다. 이것은 각기 배경은 다르지만 최면이라는 타이틀로 후학들을 양성하는 길을 개척해온 선구적인 최면 트레이너들의 땀과 노력의 결과일 것이다.

더불어 아직은 미약하지만 최면이라는 주제로 다양한 종류의 책들이 출간되는 것은 환영할만한 일이며, 최면계 전반에 있어서도 반가운 소식이다. 전작이 출간된 이후 한국 최면계에서도 '깊이'란 것에 대해 관심을 가지기 시작하고 그것에 대해 언급하는 최면가들이 조금이나마 늘어나고 있다는 소식 또한 저자에게는 긍정적인 일이다.

여전히 한국의 최면 상담계는 걸음마를 떼는 과정을 거치고 있지만 이렇게 조금씩이라도 인식하고 변화해 간다는 것은 좋은 소식일 것이다.

무엇보다 느리더라도 탄탄한 기반과 훈련과정을 거친 트레이너들이 하나둘 배출되는 것은 미래의 한국 최면산업의 질적 수준이 결정되는 일이기에, 한명의 교육자로서 이것에 대해 나름의 큰 사명감을 느끼고 있다.

오늘날의 최면은 기존에 있던 다양한 전문분야들과 접목되며 그 각각의 세부적인 분야로 특화되면서 발전되고 있다. 예를 들어 심리학과 결합된 심리학적 측면에서의 최면, 또한 의학과 결합된 의학적인 측면에서의 최면, 그리고 무대공연 등과 결합된 엔터테인먼트 측면에서의 최면 등 각각의 결합된 최면분야들은 각기 충분히 독립적인 가치를 지니고 있다. 그 외에도 활용 가능한 모든 전문 분야들과 접목된 최면은 그 나름의 지위와 가치를 가지며 발전하고 있다.

그러나 이 책에서 저자는 어떤 특정분야에 종속된 최면이 아니라 보다 거시적이고 종합적인 입장에서 독립적인 최면을 바라보고자 한다.

왜냐하면 우리가 그것의 이름을 어떻게 붙이든, 최면은 우리가 인식하는 삶의 과정에서 늘 함께하고 있는 것이기 때문이다.

저자는 현재 세계에서 단 두 명인 울트라 뎁스® 인터내셔널의 헤드 에듀케이터(수석 교수진) 중 한명이지만, 동시에 ABH라는 정통적인 기성 최면협회의 마스터 트레이너이기도 하다. 이와 함께 파츠 테라피 협회의 트레이너이자 메즈머리즘 트레이너이기도 하다.

십 수 년에 걸쳐 5개국이상의 다양한 국가들에서 많은 선생님들로부터 다양한 종류의 최면들을 익혀왔고, 동 기간 동안 최면상담이라는 직업적인 현장에서 수 천 명의 내담자들에게 그것들을 적용하며 검증해왔다.

4가지의 각기 다른 성격의 최면을 가르치는 교육자의 입장에서 언급하자면, 이 각각의 것들은 다른 것들과 결코 상충되거나 어긋나지 않는다. 오히려 이들은 놀라울 정도로 상호보완적이며 연속선상에 있다.

이 책은 종류와 깊이가 다른 각각의 체계와 패러다임을 통합적인 시각에서 언급하고 있다. 그리고 이것은 이 책의 제목에서 말한 최면의 3세대적 패러다임과도 연관되는 것이다.

이 책은 기법을 소개하는 기존의 최면 책들과는 다소 다른 형식을 취하고 있으며 어쩌면 그러한 기법들보다 훨씬 중요하게 여겨지고 다루어져야 할, 기법 이면의 것들을 전달하기 위해 씌여졌다.

이미 전작을 통해 많은 중요한 사항들을 언급했지만, 이 책은 그것에 대한 추가적인 언급들을 담고 있다.

어쩌면 국내 독자들에게는(최면을 배웠던 독자라 하더라도) 다소 생소한 용어나 체계에 대한 것들이 언급될 수 도 있지만, 이 책에서 제공한 최면에 관한 한마디 한마디의 정보나 단어들은 부족한 정보에 목말라하는 성장기 최면산업의 실정상 매우 신중을 기한 표현들이며, 검증되고 왜곡되지 않은 정확한 정보들을 담으려 노력한 것이다.

3세대의 최면 패러다임 하에서 최면가는 더 이상 내담자와 분리되어 있지 않다. 이 책에서 말하는 내용들이 단지 오늘날의 최면 패러다임과 그것을 초월한 통합적 측면을 소개하고 정보를 전달하는 차원을 넘어, 최면이라는 분야와 우리의 의식, 나아가 우리의 인생과 영적인 성숙의 사이를 관통하는 하나의 맥(脈)을 발견하고 자기성숙과 성장의 길을 여는 기회를 제공하는데 기여했으면 하는 바람이다.

이는 독자들이 단순히 최면이라는 하나의 프레임(틀)에 갇히란 의미가 아니다. 이 도구의 종합적인 이해와 이것의 이점을 활용해서 보다 더 본질적이고 근원적인 부분에 접근함으로서, 오히려 이런 도구적인 틀을 초월하기를 바라는 염원이 담긴 것이다.

이것은 최면 학습자들이나 전문가들에게 단지 표면적인 수준에서의 학습과 활용에만 머무는 것이 아닌, 보다 심층적인 학습과 탐구를 위해 그들이 발견하고 나아갈 수 있는 방향성을 제시한다.

만약 누군가가 그 길을 발견하고 나아간다면 궁극적으로 이것을 추구하는 과정에서 최면이라는 도구를 바라보는 패러다임 자체의 변화는 자연스레 따라올 수밖에 없는 것이다. 뿐만 아니라 단지 학문적인 이 분야의 머릿속 지식을 넘어 우리의 의식과 삶에 대한 심오한 이해와 통찰에 따른 현실적인 변화를 체험하게 될 것이다.

어떤 면에서 이 책에서 설명하는 많은 요소들이 우리가 영성이라고 부르는 분야에서 언급하는 내용들과도 맞닿아있다고 느낄지도 모르겠다.

그러나 영성적 영역은 많은 사람들의 생각처럼 현실과 동떨어진 부분이 아니다. 오히려 이것은 인간과 과학문명의 발전과정과 의식의 성장과정에서 동반될 수밖에 없는 지극히 '현실'적인 부분인 동시에, 더욱이 인간의 의식을 다루는 분야에서 결국 도달하게 될 수밖에 없는 필연적인 요소일 것이다.

우리가 '나'라고 지칭하고 생각하는 것은 진정한 나의 본질이 아니다.

우리의 의식은 에고체계라고 부르는 왜곡된 구조와 허상 속에 갇혀있다. 이것을 머리가 아닌 가슴으로 인식할 수 있을 때, 그리고 그런 자신의 패턴과 모습을 똑바로 마주보기 시작할 때 우리의 진짜 성장은 시작될 것이다.

모쪼록 이 책이 아직 그것을 시작하지 않은 많은 독자들에게 그 한 발을 내딛게 함으로서 새로운 세상을 향한 눈을 뜨게 하는 계기가 되는데 일조했으면 한다.

부디 열린 마음을 갖고 최면이란 도구의 진정한 가치를 찾으며 나아가 에고의 이면에 있는 진정한 자신을 발견하고자하는 독자들이 그 혜택을 누렸으면 한다.

끝으로 두 번째 책이 나올 수 있도록 응원해주신 모든 분들께 고마움을 전하며, 저자의 여정에서 인연을 함께 했던 모든 선생님들을 비롯해 특히 최면과 의식의 탐구에 대한 엄청난 유산을 남기고 떠나신 두 거장, 월터 씨코트 선생과 제임스 라메이 선생에게 깊은 존경과 감사의 마음을 전한다.

문동규

2020년 새해
울트라 뎁스® 헤드 에듀케이터
ABH 최면 마스터 트레이너
파츠 테라피 트레이너
메즈머리스-머스® 트레이너

울트라 뎁스® 한국, 아시아 공동 지부장
한국 현대최면 마스터 스쿨 원장

◇ 개인적인 여정과 길 위의 스승들 ◇

시작하기에 앞서 저자가 스승들을 찾아 나섰던 개인적인 계기에 대해 잠시 언급하려한다.

지금은 그냥 작은 여가생활들 중 하나가 되어버렸지만, 어린 시절 저자는 실전 격투술에 관심이 많았던 꿈 많은 소년이었다. 체구가 그리 큰 편이 아니었던 저자는 '유능제강'(柔能制剛; 부드러움이 능히 강함을 제압한다)라는 모토를 내세우며 작은 사람이 덩치 큰 사람을 기술로써 제압하는 모습에 매료되어 유도(柔道)라는 운동을 시작했는데 학창시절 내내 그것에 빠져 지내며, 그것을 기반으로 이후 몇몇 타격기 종목의 운동으로도 개인적인 관심분야가 넓어졌다.

킥복싱, 격투기, 복싱… 길지 않았지만 당시로서는 제대로 수련할 수 있는 체육관조차 흔치 않았던 풀 컨텍트 가라데 같은 종류의 운동들을 함께 수련하기도 하면서 한때 체급의 차이라는 벽에 부딪혀 좌절을 맛보게 되는 시기가 있었다.

비슷한 수련기간과 환경조건에서 신체적 하드웨어의 조건이 크게 작용했기 때문이었다. 몇 체급 위의 상대와 스파링을 하는 상황에서, 상대보다 수십 차례의 유효한 공격을 적용했지만, 단 한 차례의 펀치허용으로 다운에 이르는 것을 경험하며, "결국 하드웨어의 차이는 극복하기 어려운 것인가…"라는 회의감에 빠졌었다.

그러던 중 만나게 된 것이 93년에 미국에서 개최된 제1회 UFC라는 종합격투기 시합 영상이었다. 초창기의 UFC는 눈 찌르기와 물어뜯기를 제외하곤 낭심 공격까지도 허용되는 발레투도(무규칙) 스타일의 경기였다. 실전성만이 살아남는 그 토너먼트 경기에서 브라질 유술(주짓수)이라는, 당시로서는 무도인들 사이에서도 매우 생소한 무술을 하는 호이스 그레이시라는 마른 체구의 청년 하나가 몇 체급이나 차이나는 큰 거구의 고수들을 연속적으로 기절시키거나 항복을 받아내는 믿을 수 없는 파이팅은 엄청난 충격으로 다가왔고, 동시에 저자를 포함한 많은 비슷한 것을 추구하던 격투인들에게 선망의 대상으로까지 비춰졌다.

지금에야 아시안게임 정식 종목으로 채택되기도 하고 여러 연예인들까지 주짓수를 수련할 정도로 대중들에게 알려지고 보급되었지만, 당시에는 한국에서 브라질 유술을 지도하는 도장도, 수련인구도, 심지어 수련장은커녕 그것에 대해 인식하는 사람들도 거의 없었기 때문에 수소문 끝에 결국 소수의 브라질리언 주짓수 동호인들의 수련모임에서 주짓수 수련을 시작했다. 당시로서는 그런 소수의 매니아들과 함께 열악한 환경에서 힘들게 수련하는 방법이 최선의 선택이었다.

몇 년 후 '프라이드'라는 일본 격투단체에서 만든 일본 격투가들과 브라질 그레이시 가문과의 대결구도는 그야말로 손에 땀을 쥐게 하는 흥행구도였고 당시 국내에서는 해당 영상을 구할 수가 없어 일부 매니아들을 통해 어렵게 구한 VHS 비디오 테잎으로 그것을 돌려보곤 했었다. 이후 2000년대 중반이 되어서야 국내 케이블 방송에서 그 시합들이 정식으로 방영되기 시작했다.

　당시 저자의 화두는 '스승'이었다. 우리의 신체적 한계는 나이에 따라 진행되고, 인간의 노화와 발달과정에서 육체적·기술적 성장이 최고점에 이를 수 있는 최적의 타이밍이 있지만, 당시 국내에서 그런 종목들을 정식으로 접할 수 있는 기회는 제한적이었고 이미 개인적으로 기술적인 습득과 함께 신체적 발달이 증가할 수 있는 그 적절한 시점 또한 지나가고 있었다.

　당시 상황과는 달리 요즘은 국내에서도 훌륭한 지도자들과 선수들이 많아지고 주짓수 인구도 크게 증가해서 어린 선수들이 적절한 시점에 몇 년만 정식으로 수련해도 당시 수 년 간 배울 수 있었던 것보다 짧은 기간에 더 빠르게 성장할 수 있는 기회들이 있다. 이 시점에 좋은 스승을 만나는 것은 정말 중요한 요소이다.

　초기에 함께 수련했던 선후배 동료들 중 일부는 그런 스승들을 찾아 지구반대편 이역만리의 길을 나서기도 했고 계속해서 그 길을 걸어 현재 국내 해당 분야에서 한 획을 긋는 중요한 인물이나 지도자들로 성장했다.

　저자 역시도 한때 평범한 직장인의 길, 무도가의 길, 최면가의 길이라는 세 가지 인생의 갈림길에서 심각하게 진로를 고민했던 시기가 있었다. 결국 당시로서는 극복하기 힘들었던 육체적인 부상을 비롯한 여러 가지 현실적인 여건들은 저자를 최면가의 길로 나아가게 만들었다.

비록 그들과는 완전히 다른 인생의 경로로 나아갔지만 이전의 경험을 토대로, 그 길 위에서 첫 번째 개인적인 중요 원칙으로 삼은 것이 훌륭한 '스승'을 만나는 것이었다. 물론 스스로가 그에 부끄럽지 않은 훌륭한 학생이 되려고 노력하는 것 또한 하나의 중요한 과제였다.

무도가의 길에서 겪었던 시행착오를 되풀이하지 않기 위해서, 이 길만큼은 국가를 불문하고 해당 분야에서 한 획을 그은 최고의 스승들을 직접 발 벗고 뛰어서 찾아다니려 노력했다.

감사하게도 그 과정에서 적절한 시점에 많은 훌륭한 스승들을 만났고, 그 중에서도 특히 울트라 뎁스® 프로세스의 창설자인 제임스 라메이 선생과 그의 생전에 깊은 인연을 맺을 수 있었던 것은 행운 중에서도 행운이었다.

물론 결과적으로 그를 만나기까지 겪은 여러 일련의 과정들 또한 적절한 시점에 그가 전하고자 한 것의 본질을 이해할 수 있도록 바탕이 되는 경험들을 하나하나 준비시킨 과정이었기에 그 길에서 만난 다른 모든 각 분야의 선생님들께도 늘 감사한 마음을 갖고 있다.

사실, 그를 만난 이후에도 최면분야의 오랜 경험들을 가진 몇몇 해외의 유명 최면가들을 만나거나 많은 추가적인 배움의 기회들을 얻었지만, 그들이 보여주는 깊이나 통찰은 오히려 제임스 라메이 선생이 최면이란 도구를 통해 얼마나 위대한 일을 해냈던 사람인지 그의 업적을 더욱 거대하게 느껴지도록 만들 뿐이었다.

격투기술에서도 겉보기에 동일해 보이는 기술이지만, 단지 그것을 개략적으로 겉모습을 흉내 내는 것과 그 디테일과 포인트를 정확히 구현하는 것이 하늘과 땅차이의 결과를 만들어내는 것을 수없이 경험해 왔듯이, 최면에서 역시 정확한 깊이와 포인트는 큰 차이를 만들어낼 수 있을 것이라 생각했었다. 그리고 그 예상은 적중했다.

그들이 만들어내는 차이가 어디에서 오는 것인지 연구하고 직접적으로 익히는 과정을 거치면서 얻는 기술적 진보는 대단한 것이었지만, 사실 시간이 지난 뒤, 결과적으로 그런 것들과 비교할 수 없을 정도로 훨씬 크고 중요한 선물을 얻었음을 깨달았다.

그것은 최면이라는 제한된 분야의 범위를 넘어서는 것이었고 타인과 자신 그리고 우리의 내부적 현실과 외부적 현실의 상호작용, 인간에 대한 그리고 스스로의 인생에 대한 보다 근원적인 부분이었다.

그리고 이것은 단지 철학적이거나 형이상학적인 부분을 말하는 것이 아니라 우리가 '현실'이라 부르는 체험들과 밀접하게 연관되어 돌아가는 지극히 현실적인 부분이었다.

그리고 이런 경험은 단지 한 명의 최면가로서의 일생에서 뿐만 아니라, '나'라는 한 인간의 일생에서 제 2막의 새로운 삶의 길을 열어주는 계기가 되었다.

안타깝게도, 전작의 에필로그에서 밝혔듯이 제임스 라메이 선생은 저자가 『의식을 여는 마스터키 최면』전작의 집필을 마무리하던 2016년 6월,

그의 영원한 집으로 돌아가셨다. 그리고 이 프로세스의 발전과 전파의 책임은 전 세계에 남은 소수의 UD 에듀케이터(교수진)들에게 남겨졌다.

그가 임종하기 6개월쯤 전에 그는 한국의 두 UD 에듀케이터에게 의미심장한 편지를 주었다.

그 편지에서 그는 우리에게 '본질적인 자신이 되는 것을 멈추지 말고, 스스로의 내면에 있는 빛을 보기 바란다.'고 하시며 '동시에 그 내면의 빛은 세상이 받게 되는 빛'이라고 말씀하셨다.

그리고 한국의 두 에듀케이터는 전 세계 UD 에듀케이터들 중 누구보다도 훨씬 앞서있음을 강조하며, 자신 뿐 만 아니라 두 사람 모두 그 빛을 전파하는 걸 돕기 위해 선택되었다는 사실을 꼭 알아야만 한다고 말씀하셨다.

그와 함께 동아시아 지역 전부에 대한 울트라 뎁스® 프로세스의 교육과 전파를 한국의 두 에듀케이터가 전담해달라는 정중한 부탁을 요청했다.

당시 저자는 그가 건강하게, 보다 왕성한 활동을 해주기를 바랐던 마음이 컸기에 그 요청을 유보하고 있었지만, 그의 임종이후 그 약속과 UD 에듀케이터로서 책임을 다하기 위해 그 요청을 받아들이게 되었다.

따라서 울트라 뎁스® 인터내셔널의 현 회장인 랄프 알로코 박사의 승인 하에 한국의 두 UD 에듀케이터는 '울트라 뎁스® 헤드 에듀케이터'라는 큰 책임감이 따르는 유일한 지위를 맡게 되었고 울트라 뎁스® 인터내셔널 공식 웹사이트에 이 소식이 공표되었다.

전작이 출간될 당시에는 공식적인 부분이 아니었기에 글에서 밝히지 않았지만, 이것은 이 책의 전작이 출간된 이후에 있었던 일이었다. 따라서 전작을 읽은 독자들은 책의 서두에서 밝혔던 저자의 배경정보에 이 부분을 포함시킬 수 있을 것이다. (저자의 최면에 관한 배경정보는 전작에서 충분히 밝혔으므로 여기서는 생략한다.)

지금 저자의 개인적인 인생의 여정 길에서 경로를 안내해주는 스승은 책 속의 지식도, 타인의 에고도 아닌, 타인의 잠재의식들과 협력하는 내 안의 잠재의식임을 인식하고 있다.

> 씨코트 선생님은 내게 사람들과 '마인드 투 마인드 힐링' 기법을 촉진하는 방법을 가르쳐 주었지만 나는 씨코트 선생님의 사후에 울트라 뎁스®와 인간의 마음, 그리고 영성에 관해 내가 이제껏 믿어왔거나 상상했던 것 보다 훨씬 많은 것들을 발견했다. 나에게 더욱 많은 것들과 타인을 돕는 방법들을 가르쳐 준 것은 바로 그들의 잠재의식 이었다.

위는 전작에서도 인용했던 제임스 라메이 선생의 언급이다.

초심자가 UD 프로세스를 처음 배울 때, 그들은 '프로세스'와 '테크닉'을 중심으로 이것을 학습한다.

그러나 계속되는 경험 속에서 그들이 UD의 철학과 본질을 이해하고 체화하기 시작할 때, 그들은 또 다른 역사적인 경험을 시작하게 된다.

그것은 바로 '프로파운드(깊은) 씨코트 상태'라 불리는 깊은 상태에서 피험자의 잠재의식과 조우하게 되는 사건이다.

특히 UD 퍼실리테이터들에게 이 사건은 매우 중대한 사건이다.

왜냐하면 이 경험은 그들의 삶을 바꿀지도 모르는 새로운 '두 번째 학습'이 열리는 시작점이 될지도 모르기 때문이다.

한 번의 성공적인 경험은 두 번째, 세 번째로 이어지며 그들 각각의 잠재의식들과 소통할 수 있는 기회를 가져올지도 모른다. 우리는 그들로부터 교과서를 벗어난 훨씬 많은 것들을 배우게 될 것이다.

그리고 이런 경험은 단지 한명의 최면가로서의 경험을 발전시키는 것에 국한되는 것이 아니라, 그들의 에고를 성장시키며 동시에 인생의 경로를 전환하게 되는 경험을 가져올지도 모른다.

'나'라고 인식하는 우리의 에고는 우리의 본성이 아니며,

우리의 삶과 인생을 관통하는 이것의 키(Key)는

우리의 에고를 넘어선 곳에 있다…

Contents

PART1 패러다임
(PARADIGM)

PART2 변화와 성장
(Change and Growth)

01. 에고 시스템과 변화

PART 3   에고를 넘어서
(Beyond Ego)

패러다임
(PARADIGM)

패러다임(Paradigm)이란 미국의 과학사학자인 토머스 쿤(Thomas Kuhn)에 의해 제시된 용어로, 한 시대를 살아가는 사람들의 견해나 사고를 규정하고 지배하고 있는 테두리로서 인식 체계와 관점을 뜻한다.

최면 패러다임의 전환과 흐름

갈릴레오 갈릴레이(Galileo Galilei)가 동시대의 사람들에게 태양이 지구를 도는 것이 아니라 지구가 태양 주위를 돌고 있다고 말했을 때, 사람들은 그것을 믿지 않았다. 당대의 사람들에게는 태양이 지구 주위를 도는 것이 당연한 사실이었고 진리였기 때문이었다.

급기야 그는 종교 재판에까지 회부되어 과거 자신의 주장에 대해 혐오한다고 말하며 가까스로 풀려나게 된다. 그는 가톨릭 교회의 단죄로 종신형을 받았지만 감형되어 남은 생애를 가택연금 생활을 하며 보내게 된다.

본의 아니게 종교와 대립하는 형국으로 남았지만 사실 그는 독실한 가톨릭 신자였다. 이후 몇 세기가 지난 1992년에 이르러서야 20세기의 패러다임을 지닌 로마 교황에 의해 당대의 그 재판이 잘못된 재판임을 인정받고 사죄를 받게 된다.

양자역학이 처음 세상에 등장했을 때 기존의 과학자들은 그것의 확률론적 성격을 받아들일 수 없었다. 양자역학의 그것은 세상을 바라보는 기존의 관점과는 완전히 다른 패러다임을 갖고 있었기 때문이었다.

양자역학은 논쟁의 여지가 많은 주관적인 가설들을 말하며 여전히 그 자체에 대한 논쟁과 학문적인 저항이 존재한다. 그럼에도 불구하고 그것은 어느덧 오늘날의 주류적인 흐름이 되었고 기존의 것들과 융합하며 현대사회의 일부분으로 자리 잡았다.

복합하고 난해한 이해하기 힘든 이론적 내용들을 차치하고서라도, 생활 속에서 양자역학은 트랜지스터와 반도체를 나오게 했으며 나아가 TV, 컴퓨터, 스마트폰, 형광등 등 무수히 많은 현대생활에 영향을 주었다. 그것이 없다면 우리가 일상을 살아가는 것을 상상할 수 없을 만큼 이미 우리의 일상생활 깊숙이 들어와 자리 잡고 있는 것이다.

최근에는 구글(Google)사가 자신들이 개발한 양자컴퓨터가 슈퍼컴퓨터의 성능을 뛰어넘었다는 '양자 우위(Quantum Supremacy)'에 도달했다고 발표하면서 세간의 화제가 되기도 했다.

이처럼 패러다임은 인류의 역사에서 늘 존재해왔고 새로 등장하는 패러다임은 혁명적인 과정을 거쳐 수용되고 전환되어왔다. 최면이라는 분야 내에서 역시 이것을 바라보는 패러다임은 늘 존재해왔고 시간이 갈수록 진화되며 새로운 패러다임으로 전환되어왔다.

전작인 『의식을 여는 마스터키, 최면 : 메즈머리즘에서 울트라 뎁스®까지』에서 2세대의 최면 패러다임을 중심으로 이미 각각의 것들에 대해 소개했지만 이 책의 서두에서 그것을 간략히 짚어보고 3세대 패러다임을 중심으로 한 통합적인 패러다임에 대해 더 많은 이야기들을 하고자 한다.

제로세대 최면 패러다임 : 메즈머리즘(Mesmerism)

전작에서 소개했던 메즈머리즘(Mesmerism)이 1세대가 아닌 제로세대로 분류된 이유는 그것이 오늘날 우리가 '최면'이라고 부르는 것과는 또다른 정체성을 갖고 있기 때문이다.

당시에 이것을 사용하던 사람들을 우리는 최면가가 아닌 마그네타이저(magnetizer) 또는 메즈머리스트(Mesmerist)라고 부른다.

메즈머리즘은 금속 자기와는 다른 애니멀 마그네티즘(Animal Magnatism; 동물자기)과 자기 유동체(fluid) 등의 개념을 기반으로 한다. 초기의 메즈머리스트들 간에 소위 생명 에너지로 정의되었던 마그네티즘은 모든 사람에게서 항상 지속적으로 발산되고 있다고 여겨졌다.

마치 이것은 오늘날 동양에서도 흔히 사용되는 기공이나 에너지의 개념과도 유사하다. 오늘날 그것을 어떤 과학적인(?) 용어나 다른 적절한 이름으로 칭하건 간에 모든 사람이 어느 정도의 마그네티즘을 지니고 있다는 것에 대해서는 의문의 여지가 없다.

문제는 그것이 어떤 종류의 마그네티즘인가 하는 것이다. 어쩌면 그것은 생명과 건강을 발산할 수도 있고 어쩌면 고요함과 평안함을 발산하는 것일 수도 있다. 혹은 자신도 모르게 완전히 반대의 것을 내뿜고 살아가는지도 모른다.

사람들 간에 서로 이끌리거나 밀쳐내는 작용을 하는 이것은 건강하고 에너지 넘치는 신체와도 연관되며, 메즈머리스트가 마그네티즘의 우주적인 근원과 연결되는 능력에서도 나오게 된다. 그리고 집중하고자 하는 한 가지 생각은 메즈머리스트를 통해 피험자에게 흐르게 된다.

　메즈머리즘이 단지 하나의 기술이 아니라는 것을 이해하는 것은 매우 중요한 것이다. 이것은 방식 그 자체보다는 행동의 선을 따라 절대적으로 이것을 믿고 행하는 메즈머리스트라는 사람 자신과 연관되기 때문이다.

　이것은 실천적인 기술 면에서도 비언어적인 면이 주로 사용되며 언어적 암시는 사용되더라도 매우 드물게 제한적으로만 사용되었다. 주로 오늘날의 최면 유도 과정에서는 1차적으로 능률적인 언어적 커뮤니케이션을 통한 감정적인 변화를 추구하며 생리적인 변화는 부속적인 것으로 여긴다.

　그러나 언어가 배제된 메즈머리즘에서의 기본은 생리적인 변화를 일으키는 것이 부속적인 결과가 아닌 1차적인 과정이다. 이 과정에서 감정적인 변화가 일어나더라도 그것은 하나의 결과일 뿐이다.

당시 메즈머라는 사람이 행했던 비언어적인 터치와 응시, 마그네틱 패스들은 다양한 생리적 반응들을 일으켰다. 긴장한 여성들은 히스테리컬하게 되거나 기절하기도 하였고 어떤 사람들은 경련이나 발작을 일으키거나 강렬한 심장의 박동을 느끼기도 했다. 이러한 마그네티즘으로 인한 '크라이시스(Crisis)' 반응은 오늘날의 최면에서의 용어, '해제 반응(Abreaction)'과는 유사하지만 또 다른 측면의 양상을 가진다.

오늘날의 최면은 대개 메즈머리즘에서는 흔히 볼 수 있었던 텔레파시와 같은 현상들을 믿지 않으며, 부정적인 사람들에게 최면을 유도하지 않는다. 또한 오감 이외의 다른 감각적 인식의 가능성을 배제하는 과학적(?) 패러다임을 갖고 있다.

가끔 오늘날의 최면이라는 프레임 안에 메즈머리즘을 가두어두고 그것을 평가하고 해석하려는 시도들이 있다. 그러나 마그네티즘을 부정하고 그것을 단지 오늘날의 최면이라는 틀로만 보려 하는 것은 그 자체로 이미 메즈머리즘이 아닌 것이다.

1세대 최면 패러다임 : 브레이디즘과 최면(Hypnotism)

최면의 아버지라 불리는 제임스 브레이드(James Braid)는 동물 자기(애

니멀 마그네티즘)가 아닌 다른 프레임으로 그것과 유사해 보이는 현상들을 일으킬 수 있음을 발견했다.

즉, 그는 애니멀 마그네티즘을 거부하고 신경생리학적 접근으로 이것을 재해석하여 새로운 형태의 접근을 만들었다. 마그네티즘이 아닌 신경계 고착에 의해 유발되는 트랜스를 사용한 것이다.

그는 현대적인 의미에서의 '최면'을 사용한 최초의 인물이었고, 이것이 그가 고안한 패러다임을 1세대 최면 패러다임으로 보는 이유이다. 이 시기에 나타난 최면이라는 개념은 최면 암시라는 개념과 결합되고 리보와 베르넹이 이끌었던 낭시학파는 이러한 암시 체계를 발전시키는 데 공헌함으로써 현대적인 최면의 초기 형태를 탄생시켰다.

19세기에 출간된 최면과 관련된 고서적들을 보면 그 속에 등장하는 '최면'이라는 단어가 오늘날 우리가 흔히 '최면'이라고 부르는 것과는 분명히 다른 상태들을 지칭하고 있다는 점을 알 수 있을 것이다.

메즈머리즘과 1세대의 최면은 종종 혼동될 수 있지만 1세대 최면은 범위를 좁히고 특화시킨 방식으로, 제로 세대의 패러다임을 적용해 바라본다면 그것이 오히려 메즈머리즘이라는 전체 범위에 부분적으로 포함될 수 있다.

그리고 이것은 메즈머리즘과 다음세대의 최면 사이의 형태로 메즈머리즘의 모습과 현대적인 최면의 모습의 일부를 함께 지닌다.

2세대 최면 패러다임 : 20세기의 최면(Hypnosis)

20세기에 접어들며 최면계는 눈부신 성장과 발전을 이루었다. 20세기의 최면을 대표하는 많은 인물이 있지만 그중에서도 핵심적 인물을 추린다면, 데이브 엘먼 선생과 밀턴 에릭슨 박사일 것이다.

이들은 20세기 이후의 최면에 막대한 영향을 준 인물들이며 브레이드가 만들었던 과거 최면의 패러다임에 완전한 혁명을 일으켰던 인물들이다.

밀턴 에릭슨

밀턴 에릭슨 박사는 그의 경력에서 시간이 갈수록 직접적이고 권위적이었던 과거의 방식을 허용적이며 간접적인 방식으로 전환했다. 1980년대에 그가 사망할 때 즈음에는 그가 하는 대부분의 최면치료를 간접적으로 행했다. 즉, 내담자는 그냥 의자에 앉아서 그와 이야기를 나누는 것뿐인데 어느 순간 그 문제가 해결되어버리는 것이다.

그는 당시에 일반인들이 생각하는 최면의 개념과는 완전히 다른 패러다임을 사용했다. 그의 접근법은 로씨(Rossi)라는 사람에 의해 트랜스 상태에서 일어나는 모든 것을 사용한다는 것을 뜻하는 '활용(Utilization)'의 방법이라고 명명되었다.

저자가 속한 최면 단체인 ABH(미국 최면치료협회)의 수장, 테드 제임스 박사는 에릭소니안 최면의 핵심은 '표상 체계의 모호성'이라 말하며, 에릭슨식 접근에서 앞서 언급한 '활용'을 빼버린다면 아무것도 남지 않을 만큼 이 '활용'의 중요성을 강조한 바 있다.

오늘날 에릭슨 박사가 행했던 영감적이고 기적적인 작업들을 동일하게 구현하는 최면사들은 드물지만, 그럼에도 불구하고 그로 인해 탄생한 새로운 최면의 패러다임은 2세대 최면 패러다임의 한 가지 축이 되었다.

동시대를 살았으며 또 다른 최면 패러다임의 축을 만들었던 데이브 엘먼 선생의 관점 역시 당대로서는 매우 독특했다. 트랜스에 드는 것의 책임은 전적으로 최면사가 아닌 내담자에게 있다고 말했기 때문이다.

이것은 오늘날의 최면가들에게는 당연한 사실로 여겨지겠지만, 당시

데이브 엘먼

의 기성 최면사들에게 그것은 내담자에게 책임을 전가하는 것이라는 비판이나 저항에 부딪히기도 했다.

실제적으로 최면사가 내담자에게 강제할 수 있는 힘이나 영향력은 없으며 결국 모든 최면은 자기최면이라는 이 새로운 패러다임은 당시로써는 매우 선구적인 것이었다.

당시 이전의 1세대 패러다임을 지닌 최면 전문가들은 잠이라는 개념을 동반한 권위적인 방식을 사용했지만 이런 새로운 패러다임 아래에서의 엘먼 선생의 접근은 권위적일 수도, 허용적일 수도, 각성일 수도, 수면성일 수도, 직접적일 수도, 간접적일 수도 있는 방식들이 사용되었고 그러한 유도 과정에서 오는 기법들 또한 매우 역설적인 특성을 가진 방식들이 사용되었다.

20세기를 거치며 이들이 사용했던 최면 패러다임이 확산되고 널리 받아들여지면서 현대의 최면상담이나 최면치료에서 치료적인 '스크립트(대본)'의 가치는 현저히 줄어들게 되었고, 오늘날 이런 최면 스크립트는 초보자들의 연습용을 제외하고 직업적인 필드에서 사용되는 빈도가 매우 낮아지게 되었다. 또한 최면을 내담자와 낚시하듯 '걸고 걸리는' 작용으로 이해하는 최면가의 수는 크게 줄어들었다.

동 기간 최면은 많은 타 분야의 과학적, 심리적 원리나 기법들과 결합되면서 광범위한 적용이나 활용도 측면에서 역사적인 큰 도약을 일구어 냈지만 시간이 갈수록 원래의 메즈머리즘이나 1세대의 최면, 그 자체의 깊이와 파워는 오히려 쇠락하게 된 측면도 무시할 수 없다.

실제로 제로세대와 1세대, 2세대 초기의 최면가들이 연구하던 최면 현상들은 오늘날 일반적인 최면사들이 경험하는 그것들과는 큰 차이를 보인다.

대개 오늘날 전 세계 대부분의 최면가들은 이러한 2세대 패러다임의 영향력 아래에 있다. 다만 한국의 경우 최면을 가르칠 수 있는 전문적인 인력이 여전히 부족한 편이다.

몇몇 선구적인 트레이너들의 노력에도 불구하고 2020년에 이른 현재에도 이들 2세대 최면 패러다임조차 폭넓게 뿌리내려지지 못한 혼란기에 있는 실정이다.

3세대 최면 패러다임 : 초월과 통합

20세기 후반부터 3세대 패러다임을 지닌 소수의 최면가들은 독자적인 활동을 시작해왔고 점점 그 수가 확장되며 주류적 시장에서도 비슷하거나 유사한 패러다임을 말하는 최면가들이 늘어가고 있다.

3세대의 최면 패러다임의 키워드는 '통합'과 '성장'으로 대변될 수 있다. 이것은 제로세대~3세대에 이르는 과정들을 보다 큰 틀에서 수용하며 종합하고 포함하는, 21세기에 점점 확산되고 있는 새로운 흐름이다.

고전적인 일부 관점들은 확장 과정에서 새로운 패러다임과 조화롭게 뒤섞인다. 예를 들어 이 관점에서 메즈머리즘을 바라본다면 메즈머리스트가 피험자를 치유한다는 것이 아니라는 점은 분명해진다. 마그네타이저는 단지 생명 에너지를 부가시켜서 피험자 스스로의 잠재의식이 행하는 자가 치유를 돕는 역할을 하는 것이다.

오늘날 최면 분야에서 이런 3세대 최면 패러다임에 있는 대표적인 분야는 단연 '울트라 뎁스® 프로세스'라는 영역이다.

울트라 뎁스® 프로세스를 이것의 대표주자로 꼽는 이유는 최근에 미국에서 등장하는 유사한 종류의 패러다임을 사용하는 체계나 개인적 인식들이 대개 UD 프로세스의 그것을 참고하거나 직간접적으로 영향받은 경우들이 많을 뿐 아니라, 시스템적으로 UD 프로세스에서 행하고 있는 경험과 체계를 일부 불완전하게 모방함으로써 경험이나 완성도 면에서 미치지 못하는 경우들이 많기 때문이다.

울트라 뎁스® 프로세스에는 최면과 마음에 대한 새로운 패러다임을 포함하며, 심지어 비시티(Visity)라고 불리는 에너지(마그네티즘)적인 기법을 포함시킴으로써 이전 세대의 최면들에 대한 통합적 인식을 취하며 동시에 그것을 실제로 적용하고 있다.

3세대 최면 패러다임에서 우리의 마음을 바라보는 관점 중 가장 주목

해야 할만한 부분은 바로 '잠재의식'에 대한 부분이다.

　기존 최면계의 관점이 잠재의식을 무의식의 일부로 보거나 속이기 쉬운 멍청한 프로그램 정도로 인식해왔다면, 3세대 최면 패러다임 아래에서 이것은 기존과는 완전히 다른 관점을 취한다.

　이것에 따르면 잠재의식은 생리기계적 반응을 만들어내는 뇌, 즉 무의식의 영역과는 완전히 구분되는 것으로 본다. (이 부분에 대한 추가적인 설명은 뒤에서 다시 언급될 것이다.) 이런 관점에서 볼 때 최면… 아니, 보다 넓은 우리의 삶에 있어서 잠재의식의 역할은 기존과는 완전히 다른 의미를 지니게 된다.

　비록 그것을 표현하는 용어는 다양하지만, 사실 우리의 에고(Ego) 이면의 본질적인 자신에 대해 말하는 이 개념은 이미 기성 최면계가 아닌 철학, 종교, 심리학 등 각기 다른 분야들에서도 인류의 역사와 함께 줄

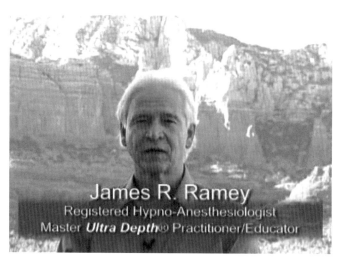

제임스 라메이

곧 언급되어왔던 개념들이다.

이 책의 전작에서 이미 언급했듯이 UD 프로세스는 월터 씨코트 선생과 제임스 라메이 선생을 통해 반세기가 넘게 이어져 온 동일한 체험과 경험, 결과를 통해 이것을 받아들이게 되었고, UD 커뮤니티의 전문가들은 그것을 이미 삶의 일부로 취하여 개인들의 내적 성장으로 확대 적용하고 있다.

결국 3세대의 패러다임은 어떤 의미에서 기존의 최면이라는 이해의 영역을 초월하는 것이다. 2세대 패러다임을 지닌 최면가들 중 일부는 UD를 포함한 이것을 스피리츄얼(영적) 최면이라 부르는 이들도 있다.

그러나 과연 그러한 영성이라는 별개의 카테고리가 필요한 것일지 의문스럽다. 왜냐하면 우리 모두는 누구나 영적인 존재이며 이것은 특정한 부류의 인간만을 지칭하지 않기 때문이다.

각 세대별 최면 패러다임은 각각 나름의 가치를 지니고 있다. 그리고 3세대 패러다임의 기준에서 각각의 것들은 배척되는 것이 아니라 오히려 하나의 맥락으로 조화롭게 통합될 수 있다.

최근 3세대의 흐름에 있는 이들의 새로운 패러다임이 모두 완벽하게 동일하지는 않지만, 그들은 어느 정도 공통된 맥락적 흐름을 지니고 있다.

저자의 개인적인 경험 속에서 발견한 한 가지 특이점은 국가를 불문하고 제로~3세대 어느 패러다임에도 속하지 않는, 다소 이상해 보이지만 불완전하거나 애매한 위치의 부류들이 있다는 것이다.

독자적인 패러다임을 지니는 소수의 것들을 제외하고, 이들은 대개 스스로 명확한 관점이나 이론이 구조화되어 있지 않은 비전문가이거나 마케터들인 경우가 많으므로 정보 과잉의 시대를 살아가는 오늘날의 학습자들은 학습 과정에서 그런 맥락적 흐름을 파악하고 있는 것이 좋을 것이다.

오해와 저항, 그리고 수용

인류의 역사나 최면의 역사에서도 그래 왔듯이 새로운 패러다임에 대한 기존의 패러다임은 그것을 쉽게 수용하기 어려워한다. 기존의 최면 패러다임 또는 자기만의 독특한 인식에 고착된 최면사들은 또 다른 패러다임을 선뜻 받아들이기 어려워하는 경향이 있다.

이는 우리들 에고의 구조적인 특성이기도 하다. 그것은 어느 정도 혁명적인 과정이나 적응기가 필요해 보인다.

새 패러다임에 대한 이해 과정이나 수용 절차 없이, 많은 기성 최면가들이 여전히 기존의 관점에서 UD 프로세스에서 다루는 섬냄불리즘, 에스데일, 씨코트 등을 바라보고 기존의 최면상담 과정에서 흔히 경험하는 깊이들과 그것들을 동일선상에서 생각하는 경향이 있다.

엘먼 선생의 말처럼 최면은 전적으로 내담자의 허용에서 나오는 것이라 했다. 따라서 그들의 생각은 누구나 기존의 접근으로 그러한 깊이를 유도하고 동일한 깊이에 충분히 도달할 수 있으므로 그러한 깊이가 전혀 특별할 게 없다는 식이다.

그렇다. 최면은 전적으로 내담자의 의식과 무의식, 잠재의식이 얼마나 협력하고 허용하는가에 따라 그 제한이 결정된다. 그러나 이것은 의료인이라고 해서 누구나 뇌수술을 집도할 수 있는 것이 아닌 것처럼, 최면을 배웠다고 누구나 특화된 영역들에 대한 지식이나 기술, 경험을 가진 것은 아니다. 엄밀히 말해 내담자의 내·외면이 허용하게 만드는 조건에는 유도자의 역할 또한 매우 큰 비중으로 포함된다.

결국 이것은 허용하는 내담자와 조건에 맞는 유도자의 협력 작업이다. 결국 그들이 모든 것을 스스로 하게 만드는 안내자의 역할이 최면가인 것이다.

최면을 배운다는 것은 바로 내담자가 가진 내면의 힘, 즉 잠재의식의 힘을 스스로 사용할 수 있도록 이것을 정확히 이해하고 올바르게 안내하는 방법을 배우는 것이다.

저자가 진행하는 교육 과정에는 최면의 기본과 고급을 다루는 300~400시간 이상의 방대한 내용을 13주로 압축한 일반적인 과정들과 고급 과정의 연장인 3주간의 파츠 테라피 훈련이 있다. 도합 16주 이상의 집중적인 훈련 과정에 더하여 실습 및 과제를 완수하는 수십 시간에, 여러 번 재수강을 통한 반복까지 거쳐 고급 기술을 포함한 최면을 능숙하게 다루게 된 수준 높은 최면사가 왜 울트라 뎁스® 프로세스를 배우기 위해서 추가적으로 12주 이상의 별도 훈련 과정을 겪어야 할까?

그들의 생각대로 이 프로세스가 단지 일반 과정의 동일선상이라면 굳이 긴 시간을 소요하며 이런 별도의 심화된 학습 과정을 거칠 필요가 없을 것이다. 이것은 2세대 패러다임을 기반으로 한 일반적인 최면 수업에서 다루어지는 지식과는 달리, 그것을 넘어선 또 다른 패러다임 아래의 적용법을 배우는 특화된 프로세스를 이해하는 과정이다.

저자 역시도 한때는 배움의 입장에서 더욱 깊이 들어가기 위해 개인적으로 여러 국가를 오가며 2세대 최면 패러다임을 기반으로 한 수십 종 이상의 일반 최면 코스들과 여러 협회의 강사 코스들, 강사들의 강사 코스 등을 몸소 모두 경험했다.

그리고 그런 내용들을 가르치기 위해 직업적인 프로의 무대에서 약 15년여의 기간 동안 거의 쉬지 않고 강의 활동과 상담 활동을 병행해왔다.

따라서 일반 최면 코스들이 다루는 콘텐츠의 수준과 UD 프로세스에서 다루어지는 콘텐츠 수준의 구체적이고 세부적인 차이점들에 대한 직접적인 경험을 통해 누구보다 잘 알고 있다. 이런 길을 걸어온 저자 역시도 여전히 경험해보지 못한 기타 영역들이 존재한다. 그만큼 이 분야가 넓고 방대하기 때문이다.

그러나 적어도 제한된 경로를 통해 몇 가지 최면 코스만을 접하고 마치 최면의 전 영역에 대해 다 아는 것처럼 포장하는 경우와는 비교할 수 없는 직접적인 경험들을 해왔다고 자부할 수 있다.

대부분의 기성 최면 코스들에서는 섬냄뷸리즘 이하의 깊이에 대한 디테일 자체는 거의 없거나 잘못 이해된 요소들조차 적지 않게 발견된다. 따라서 이 영역에 대한 노하우와 탐구는 지극히 해당 최면사의 개인적인 관심과 경험의 영역이다.

그러나 UD 프로세스에서는 커리큘럼 특성상 그 자체로 진정한 섬냄뷸리즘을 만들고, 증명하고 더욱 안정적이고 깊은 섬냄뷸리즘을 만드는 프로토콜과 세부적인 절차들이 포함된다.

물론 이것을 반복적으로 구현하기 위해서는 3세대 최면 패러다임과 각 상태에 대한 정확한 이해와 경험이 따라야 하는 것은 필수적이다.

이것은 우연히 얻어지는 깊이와 그것이 정확히 무엇을 의미하는지 알지 못하는 막연한 접근과는 확연하게 구분되어야 한다. 당연히 그러한 수준들을 기존의 2세대적 최면을 바라보는 사고 틀로서 동일선상에서 인식하고 결론 내리려고 하는 것은 정작 중요한 본질적인 핵심을 놓치는 것이다.

칼 반얀 선생은 제임스 라메이 선생이 울트라 뎁스® 프로세스는 엄밀히 말해서 최면이 아니라는 데 동의했다고 밝혔다. 이것에 대해 제임스 라메이 선생에게 직접 물었을 때 그의 대답은, UD가 최면 기법을 이용하는 것은 맞지만 기존의 최면과는 또 다른 어떤 상태들을 성취하는 과정이기 때문이라고 했다.

그러나 이것은 2세대 패러다임을 가진 기존 최면사들을 그들의 관점에서 이해시키기 위한 답변일 뿐이었다. 사실 3세대 최면 패러다임 아래에서 이 프로세스는 다른 그 어떤 접근보다도 가장 '최면'다운 것이다.

월터 씨코트 선생은 경험적으로 일찍이 인간의 마음에 대한 다른 패러다임을 취할 수밖에 없었고, 한 번도 그것을 주위 사람들이나 제자들에게 공식적으로 언급한 적이 없었다. 왜냐하면 당시의 시대적 특성상 사람들이 그것을 믿거나 수용하지 못할 것이 불을 보듯 뻔했기 때문이었다.

제임스 라메이 선생 역시 씨코트 선생을 이어서 이 프로세스를 정리하고 더욱 체계를 잡아갔지만, 그의 생전에 외부의 기성 최면사들이 이 새로운 패러다임을 수용하기 힘들어하고 결과들을 만들어내지 못하는 것을 보고 많은 고민들을 했었다. (역설적이게도 최면 분야가 아닌 에고를 탐구하는 타 분야에서 오히려 이것을 이해하고 그 가치를 알아보는 경우가 많았다.)

저자는 그와 왕래하며 장기적으로 훈련받던 수년에 걸친 대화들을 통해, 당시의 그가 그러한 고민들을 충분히 해왔다는 것을 잘 알고 있다. 그래서 차라리 기존의 '최면'이라는 영역에서 독립적으로 분리해야 한다는 UD 커뮤니티의 내부적인 목소리들이 많아지기도 했었다.

제임스 라메이 선생이 임종하기 몇 년 전, 그는 UD 프로세스의 슬로건을 '최면을 넘어선 이완론'으로 재규정했다. 이 이름만 보더라도 기존의 2세대 패러다임을 기반으로 한 최면과는 구분된, 특별하고 전문화된 영역이라는 분명한 정체성을 가진다.

따라서 이는 기존의 2세대의 최면이 다루는 제한된 틀과는 명백히 분리되는 새로운 패러다임으로 인식되어야 하는 것이다.

당신의 마인드셋은 무엇인가

최면 패러다임은 그 자체로 과정과 결과에 영향을 주는 매우 중요한 것이지만 그것이 절대적인 진리라는 것은 아니다. 이것은 일종의 마음의 설정, 즉 마인드셋(Mindset)과 같은 것이라 할 수 있다.

1850년 이전에는 트로이 유적이 진실이라 믿는 사람이 아무도 없었다. 그것은 단지 신화 속 허구로만 인식되어왔다. 그러나 독일 고고학자 하인리히 슐리만(Schliemann)은 그의 어린 시절 책으로 읽었던 『일리아스』를 사실로 믿고 실제로 터키 지역에서 땅을 파기 시작했고 결국 실존하는 트로이 유적을 발견했다.

한때 고고학자들은 아메리카 대륙에 코끼리가 살았다는 것을 믿지 않았다. 그러나 이후 여러 가지 증거 자료들이 발견되었다. 왜 당시의 그들은 그것을 믿지 않았을까? 무엇이 고고학자들이 이것을 불가능하다고 생각하게 했을까?

사고의 프레임을 정해놓고 해당 프레임에 해당하지 않는 것은 모두 존재하지 않는다고 하는 논리는 많은 사람들에게 매우 익숙한 논리이다. 유명한 심리학자, 칼 융은 "우리가 투사하는 것은 우리 안에 해결되지 못한 것을 외부로 투영하는 것"이라고 말했다. 또한 권위적 최면의 대가였던 에스터브룩은 "최면의 결과는 당신이 스스로 규정하고 있는 최면을 타인에게 투영하는 것"이라고 말했다.

여기서 저자를 포함한 우리는 스스로에게 많은 질문을 던질 수 있다.

나는 최면을 어떻게 규정하고 있는가?

나는 얼마나 어느 정도까지 내담자를 규정하고 있는가?

나는 내가 가르치는 학생들을 어떻게 바라보고 있는가?

나는 이 세상을 얼마나, 어떻게, 규정하고 있는가?

내가 투영하는 마인드셋(습성이 된 사고방식)은 도대체 무엇인가?

지금까지 내가 읽은 책들의 마인드셋은 무엇인가?

나는 그것들을 어떻게 넘어설 수 있는가?

시대 속의 패러다임은 사람들에 의해 계속해서 흐르고 진화해갈 것이다. 그러나 그것의 형태가 시대에 따라 어떻게 변해가든, 우리는 그것의 외부적 표현에 집중할 것이 아니라 그 이면의 본질적인 면에 대해 초점을 두어야 할 것이다.

인간 의식에서 패러다임이라는 것은 하나의 유용한 도구가 될 수도 있지만, 반대로 자신의 사고와 그 결과를 제한하는 심각한 한계를 만들기도 한다. 결국 우리는 언젠가 그런 새로운 패러다임조차도 초월할 수 있는 유연성을 가져야 한다.

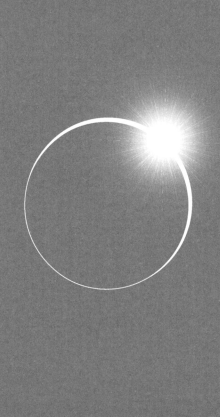

변화와 성장
(Change and Growth)

오늘날, 최면을 비롯하여 의식이나 무의식, 잠재의식이라는 이름을 언급하는 다양한 분야들이 있다. 그러나 그들이 사용하는 의식, 무의식, 잠재의식 등의 이름은 외관상으로 동일하지만, 내용을 들여다보면 비슷하면서도 미묘하게 또는 확연하게 다른 것을 지칭하는 경우들이 많다. 이러한 이유로 여전히 다양한 분야의 전문가들이 교류함에 있어 혼란스러움이 있는 것이 사실이다.

심지어 최면이라는 분야 내부에서도 이런 이름이 지칭하는 것들이 큰 차이를 보일 때가 있다. 그래서 특정 단체나 집단에서는 이러한 혼란을 방지하고, 전문가들 간의 소통과 편의성 등의 이유들로 집단 내에서의 용어의 지칭과 사용을 통일하는 경우가 많다.

이 책 전반에서 소개하고 사용하는 의식과 무의식, 잠재의식이라는 단어와 개념은 저자가 폴 페던의 에고 파트 개념에서 출발한 성격 이론을 바탕으로 울트라 뎁스® 프로세스의 의식 개념과 관련된 경험적 지식을 3세대 최면 패러다임에 연관하여 통합적인 하나의 맥락으로 적용한 마인드 모델(mind model)임을 밝힌다.

따라서 이미 위 용어들(의식, 무의식, 잠재의식)에 대해 다른 식의 분류나 개념에 익숙해져 있는 독자들은 이 용어나 개념들을 혼동하는 일이 없기를 바란다.

01. 에고 시스템과 변화

다 수준 커뮤니케이션

최면은 커뮤니케이션이다. 그리고 어디까지나 이 커뮤니케이션은 단방향이 아닌 양방향이다. 이 부분은 많은 일반인들이 최면에 대해 오해하고 있는 대표적인 요소 중 하나이다.

그리고 이 커뮤니케이션은 단일한 수준이 아닌 다양한 수준에서 이루어진다. 표면적인 의식 수준에서의 소통, 그 아래에 있는 무의식적 수준에서의 소통, 그리고 잠재의식 수준에서의 소통이 그것이다.

표면의식 수준에서의 소통은 말 그대로 내 앞에 있는 상대방이 표현하고 있는 표면적인 에고의 일부와 소통하는 것이다. 최면 중에도 물론이지만, 대개 이 과정은 최면 전에 행하는 사전 대화나 면담 등에서 비중 있게 다루어진다.

무의식적 수준에서의 소통은 현재 표현되고 있지 않은 에고의 나머지 부분들과의 소통을 뜻한다. 무의식은 심리적, 생리적 자원(리소스)에 기반을 둔다. 그리고 우리의 표면적 에고는 대개 이것들 중 하나에 연동되

049

어 표현된다.

표면적인 에고만을 염두에 두고 무의식적 수준의 소통을 놓쳐버린다면, 최면 작업 전후 또는 최면 작업 중 예상치 못한 저항이나 난관에 부딪히는 경우가 생기거나 최면 작업 자체가 어려워질 수도 있다.

끝으로 잠재의식 수준에서의 소통은 이들 중 가장 어려운 부분이다. 이것은 최면가의 의식적인 의도만으로 이루어지는 것이 아니기 때문이다. 타인과의 잠재의식적인 소통을 생각하기 전에 대개는 먼저 최면가 스스로의 의식과 잠재의식 간의 소통에 대해 인식하고 그것을 증진해야 한다.

물론 이것은 결코 쉬운 일이 아닐 수 있으며 하루아침에 만들어지는 것이 아닐 수 있다. 이것은 일회성의 '변화'가 아닌, 점진적인 '성장'의 과정과 연결된 것이기 때문이다.

어떤 면에서 스스로의 잠재의식과 단절된 채로 타인의 잠재의식과 소통한다는 것은 모순된 이야기일 것이다.

이런 분야에 있다 보면 가끔 자유자재로 자신이나 타인의 잠재의식과 소통한다고 주장하는 사람들을 직·간접적으로 만나게 된다. 그러나 불행하게도 극히 일부의 사람들을 제외하고는 대개 그러한 소통을 말할 때, 자신의 무의식적 자원에 연결된 에고적 망상이나 착각 속에 있는 경우들이 많았다.

심지어 위에서 제외된 극히 일부의 사람들조차 높은 확률일 뿐, 삶 속에서 에고 체계에서 완벽하게 자유롭기는 어렵다. 이것은 자기성장과도 연관된 부분이며 이 부분은 책 한 권을 통틀어 언급하더라도 부족한 부분일 수 있다. 결론적으로 최면가는 늘 이런 다양한 수준과의 래포를 유지하는 것을 염두에 두는 것이 좋다.

특히 울트라 뎁스® 프로세스에서 다루는 커뮤니케이션은 우리가 도구를 통해 접근할 수 있는 가장 깊은 커뮤니케이션을 이끄는 것을 목표로 한다. 이 커뮤니케이션은 외부를 향한 것뿐만 아니라 스스로의 내면을 향한 것을 포함한다. 이것은 명백히 일반적인 최면을 넘어선 것을 포함하고 지향하고 있기에, 이러한 깊고 다양한 층위의 래포나 의식에 대한 고찰, 자기성장에 대한 인식은 필수적으로 요구된다.

이런 이유로 이것은 최면의 기술적 측면만을 생각하고 접근하는 초심자들에게는 다소 이해하기 어렵거나 난해하게 느껴질지도 모른다.

그렇지만 앞서 언급한 요소들은 비단 울트라 뎁스® 프로세스뿐만 아니라 최면 등 유사 도구들을 사용한 깊은 수준의 개입을 추구하는 이들에게 결코 간과되어선 안 되는 부분이다.

최면가의 에고 체계와 자각

앞서 기술한 것처럼 자신이나 타인의 깊은 내면과의 소통 과정에서 많은 망상과 착각들이 일어나고 그것을 맹신하는 데는 우리의 에고 체계의 특성이 한몫을 하고 있다.

대개의 사람들이 자신만은 예외라고 생각하지만, 1%의 영감에 99%의 에고적 상상과 논리를 붙이기 좋아하는 것은 바로 전형적인 에고의 특성이기 때문이다.

사람들이 지닌 다수준의 의식을 대하는 최면가로서, 최면가 스스로의 말과 행동에서 묻어나오는 부분들을 관찰하며 스스로의 에고적 특성을 이해하는 것은 중요한 요소일 수 있다.

이 세상에 완벽한 인간은 존재하지 않으며, (이는 에고 체계를 기반으로 하는 한 완벽한 인격이나 인성을 지닌 사람은 있을 수 없다는 말이다. 그러나 개인이 가진 고유의 인격적 성향 내에서 건강함을 유지하는 상태는 존재한다. 따라서 또 다른 의미에서 모든 인간은 완벽하기도 하다.) 최면가 또한 자신이 볼 수 없는 특정한 편견이나 패턴, 사고 속에 갇혀 있음을 자각하는 것은 대단히 중요하다.

또한 많은 사람들은 스스로를 매우 유연하고 열린 사람이라 생각하는 경향이 있다. 에고적 특성의 차이를 인정하면서도 정작 자신의 모습을 보지 않거나 부인하려 하는 경우는 일반적이라 할 만큼 흔한 일이다.

좋은 이야기이고 그것에 동의하지만, 항상 자신이 기준이며 자신만은 그 범주에 들지 않는 예외라고 생각하기 때문이다.

우리의 에고는 다양한 무의식적 기저 욕구들을 지니고 있다. 그리고 일생을 살아가는 동안 늘 그러한 기저 욕구들에 큰 영향을 받고 있다.

한 가지 예를 들어본다면, 수치심이나 열등감을 기저에 지닌 어떤 에고는 정체성의 기준을 외부에 둠으로써 타인에게 비치는 자기 이미지를 우선순위로 둘 수도 있다. 그리고 자신을 멋진 사람으로 포장하기 위해 자신의 능력이나 지위에 대해 인정받고자 갈망하기도 한다.

그러한 에너지를 건강하게 사용한다면 삶에서 일에 대한 열정과 긍정적인 동력원으로 쓰일 수도 있지만, 그것을 부정적으로 사용할 경우 목적을 이루기 위해 타인을 밟으려 하거나 남의 것을 훔쳐 와서 마치 원래 자신의 아이디어와 능력인 듯 포장하여 자신을 높이려 하는 등 부정적인 측면의 모습이 나올 수도 있다.

모든 에고의 성향들은 좋고 나쁨이 없다. 모든 사람들이 지닌 성향들은 장단점이 있고 그것을 어떻게 사용하는가에 따라 긍정적으로도 부정적으로도 사용될 수 있다.

즉, 좋은 에고, 나쁜 에고가 따로 있는 것은 아니지만 분명 건강한 에고와 불건강한 에고로 부를 수 있는 상태들은 있다. 이러한 개인의 성격적 성향들은 우리가 자라오면서 무의식적으로 학습하게 된 대처 기술의 반복으로 인한 결과물이다.

그러나 '성격(인격)이 인생이다'라고 하는 말이 있듯이 삶 속에서 그런 우리 자신의 모습을 인식하고 그것(성향적 특성의 구조와 그 기저 욕구와 동기, 반복된 패턴 등)을 관찰하며, 그러한 에고 파트를 건강하고 긍정적인 방향으로 사용하려 하는 것은 매우 중요한 요소이다.

이러한 자기 자신에 대한 인식은 우리의 의식적 성장, 또는 영적인 성장에서 가장 기본적 요소이기도 하다. 에고 속의 자신의 모습을 보지 못하고 성숙이나 깨달음, 또는 상위적인 발전 단계로 넘어가려 하는 것은 많은 부작용이나 또 다른 문제점을 일으킬 수 있기 때문이다.

그것은 때때로 자신의 에고가 가진 깊은 내면의 문제를 회피하게 만들거나 심지어 스스로 자신이 영적으로 매우 나아가 있고, 남들보다 발전한 상태에 있다는 착각을 만들기도 한다.

이런 사례들은 일부 사이비 종교의 지도자들에게서도 흔히 나타나며, 이런 사람들은 아이러니하게도 대외적으로는 영성적인 면을 강조하면서도, 정작 자신의 무의식의 자원들과 자신의 에고를 일치시킴으로써 오히려 깊은 내면의 진정한 본질이나 신성, 또는 영감, 잠재의식의 모습과 단절된 미성숙한 에고의 모습들을 여지없이 보여준다.

그리고 그러한 방향의 끝은 타인들의 자신을 향한 의존성을 높이게 만들어 오히려 자신의 에고를 높이는 방향으로 흐르는 경우가 많다. 당연히 그들의 에고는 그런 자신의 모습을 관찰할 수 있을 만큼 성숙하지 못한 것이다.

앞에서 일부 사이비 종교지도자의 특별한 예를 들었지만, 사실 이러한 예제는 가깝게는 우리 생활 주변에서 자신을 비롯한 주변인들의 모습에서도 손쉽게 발견할 수 있다.

저자는 공식적인 최면상담과 관련된 수업을 진행할 때 수강생들에게

"자기 자신과의 래포를 되찾는 것은 모든 최면상담과 최면치료의 목적이 되어야 한다"는 말을 늘 강조해왔다.

여기에 나아가 타인의 마음을 상담하는 최면상담사가 되려는 이들이 갖추어야 할 기술적인 요소들 외의 중요한 요소 중 하나로서 스스로 '자기 자신에 대한 용서'에 이를 수 있는지에 대한 항목을 꼽는다.

여기서 자기 자신이라 함은 현재의 자기 자신뿐 아니라 지나간 과거 속에서 특정한 감정과 사고와 행동을 행했던 자신의 모습을 포함한다. 즉, 이런 과거 속의 기억이나 자신에 대한 이미지는 지극히 무의식적인 부분이다.

따라서 이것은 표면의식적으로 "나는 나를 사랑해", "나는 나를 용서했어"라고 말할 수 있다고 해서 충족되는 부분은 아니다. 많은 내담자들에게서 목격되듯이 그럴듯한 긍정으로 포장된 표면 에고와는 달리, 기저의 에고는 스스로를 매우 왜곡된 시선으로 바라보고 있을 수도 있기 때문이다. 이는 최면사 자신의 무의식과의 래포와 연관된 것이며, 건강한 에고로 향하는 길 위에서 직면하게 되는 하나의 관문이다.

자기용서는 내부적인 소통에 관한 것이며 이것은 종종 누군가가 보이는 자아도취적인 성향과는 다른 측면이다.

앞서 수강생들에게 강조했던 말처럼 저자가 말하는 최면상담사란 타인의 의식과 무의식 간의 래포의 결여를 부분적 또는 전반적으로 복구시키는 중요한 일을 행하는 사람들이다. 따라서 최면상담사들은 내담자와의 상담회기 중 늘 타인의 자기용서를 돕게 되는 중요한 순간들을 만나게 된다.

만약 최면사 스스로가 이것에 대해 내면에서 확립되어 있지 않을 경우, 그들 내면에 있는 경직은 유연함을 잃게 만들고 그것은 상담 중 앞에 있는 내담자를 중립적으로 보기 어렵게 만든다.

최면상담사의 진정한 공감 능력은 단지 머리에서 나오는 것도, 특정한 기법에서 나오는 것도, 나아가 일반적인 사람들이 생각하는 것처럼 타인을 향한 이타심과 내담자를 향한 감정적인 동조와 연합에서 나오는 것도 아니다.

특히 자신의 감정적인 동조 성향을 '공감 능력'이라고 생각하는 것은 이런 측면에서 분명한 착각이다. 오히려 그러한 감정적 연합이 강할 경우 상담사의 시야를 좁혀 고립되게 만들며 상황을 보다 객관적으로 볼 수 없게 만들 수도 있다.

여기서 말하는 진정한 공감은 '깊은 유연함'에서 나오는 것이며 그러한 유연함은 상담사의 표면의식이 아닌 내면의 깊은 곳으로부터 나온다. 이것이 저자가 자신 자신과의 래포를 확립하는 것이 최면상담사들에게 특히 중요한 항목임을 강조하는 이유이다.

무의식

현재 의식화되지 않은 모든 에고의 부분들을 무의식이라는 단어로 부를 수 있다. 그리고 이것은 심리적, 생리적 자원(리소스; Resource)에 기반을 둔다. 이것은 마치 어마어마하게 거대한 창고와 같아서 모두 의식화되었다가는 터져버릴지도 모르는 방대한 양의 정보들을 보관하고 있다.

일생을 살아오면서 보고 듣고 느끼고 상상하고 생각하면서 주관적으로 경험한, 지금은 기억조차 할 수 없는 수많은 크고 작은 사건들과 오랜 장기 기억들, 그리고 그와 연관되어 느꼈던 크고 작은 감정과 생각들… 그로 인해 생성된 각종 믿음과 신념, 자신에 대한 정체성… 그리고 의식적, 무의식적으로 만들어져온 셀 수도 없는 습관과 행동 패턴들이 그러한 정보들의 예가 될 수 있다.

이것은 그 자체로는 판단력이 없으며, 단지 데이터들을 갖고 있다. 뿐만 아니라 우리의 표면의식이 관여하지 않아도 스스로 생리적인 신체를 보호하고 유지해주도록 움직이는 신체적, 생리적인 기능과 반응들 또한 무의식의 범주에 속한다.

우리의 표면의식은 끊임없이 무의식의 이런 방대한 정보 및 기능들과 교류하며 움직이는 '시스템'에 연동되어 있다. 그리고 우리의 모든 학습, 행동 및 변화는 이런 무의식적 수준에서 일어나는 것이다.

비록 어떤 것을 학습할 때 표면적인 의식을 거치는 경우라 하더라도 그 학습된 정보나 패턴은 무의식 속에 저장되게 된다.

학습이 완료되었다는 것의 의미는 결국 우리 무의식 속의 하나의 자원(Resource; 리소스)으로 정착되었다는 것을 뜻한다. 따라서 무엇을, 어떤 방식으로 학습했는가는 자신의 에고와 인격에 크고 작은 영향을 줄 수 있다.

우리가 일상 속에서 걷거나, 뛰거나, 심지어 신체 일부를 움직이는 행동들은 모두 무의식적으로 일어난다. 우리가 길을 걷고 있을 때, 그것을 어떻게 움직일지 생각하면서 수백 개의 근육을 세부적으로 움직이지 않는다. 신발 끈을 묶거나 하는 생활 속의 사소한 행동들 또한 마찬가지이다.

실제로 우리는 이러한 사소한 절차나 행동들을 무의식적으로 행하고 있으며 이 모든 것을 하나하나 의식적으로 생각해서 행한다면 우리의 머리는 견디기 어려울 것이다.

그리고 무엇보다 그렇게 의식적으로 어떤 세부 근육을 어떤 식으로 움직여서 앞으로 걸어갈지, 걷는 행위와 관련된 모든 것을 생각하면서 움직인다면 그 생각 때문에 오히려 무의식적으로 나오는 움직임은 방해받을 것이다.

그렇다면 변화라는 것은 어떤가? 변화 또한 무의식적으로 일어나는 것이다. 만약 변화기 표면의식 수준에서 일어나는 것이라면 스스로 없애고 싶은 만성적인 무의식적 습관들(다리를 떨거나 담배를 피우거나 손톱을 뜯는 등 특정한 무의식적 버릇)을 끊겠다고 생각하는 순간 없어지게 해야 한다.

　그러나 불행하게도 우리의 표면의식은 늘 작심삼일을 반복하거나 원치 않는 습관을 무의식적으로 반복하게 된다.

의식과 무의식의 연동 - 에고 체계

다음으로 넘어가기 전에 잠시 먼저 자문하는 시간을 가져보자.

나는 무엇이고 누구인가?

지금 내가 느끼고 있는 이 감정들이 곧 나인가?

내가 지금 하고 있는 이 생각들이 나인가?

내가 언제든 떠올릴 수 있는 지금까지 경험했던 기억들이 나인가?

무의식 속에 존재하는 감정과 생각과 기억들이 나라는 본질인가?

　의식과 무의식은 하나의 시스템 안에서 끊임없이 상호작용하고 있다.

우리가 인간으로 태어나서 자라는 동안 보고, 듣고, 느끼고 경험하는 일련의 과정 동안 우리의 내면에는 수많은 자원이 축적되고 또 그것이 긍정적이든, 부정적이든 뭔가에 대처하는 자기만의 기술들을 학습하게 된다.

그런 모든 정보와 대응기제들은 결과적으로 우리의 인격(성격, 퍼스널리티)을 구성하는 기반이 된다.

엄밀히 말해 이것들은 무의식 속의 정보와 자원들일 뿐이지만, 우리는 해당 자원하에서 '자아'라는 것을 느끼게 되며 이것들의 집합체가 곧 우리가 '에고(Ego)'라고 부르는 것이다. 이는 의식과 무의식의 상호작용으로 인해 인공적으로 구조화된 결과물이며, 또 다른 의미로 '착각'이다.

그리고 우리는 이러한 '착각' 속에서 우리 주변의 '현실'을 만들고 경험한다.

이렇게 내면의 데이터(정보와 자원)를 자신과 동일시하게 여기는 에고의 특성 때문에, 우리는 성장하는 동안 진정한 자신의 본성을 잃어버리고 인격 또는 성격을 곧 자신이라고 믿게 되었다.

그래서 많은 명상이나 자기수련, 영성 관련 분야에서는 에고를 우리의 본성을 가로막거나 제한하는 감옥과 같은 것으로 비유하기도 한다. 그것이 긍정적인지, 부정적인지 와는 무관하게 에고는 우리의 진정한 본질의 모습을 가로막고 있다는 것이다.

이것은 미치 모든 사람들이 색깔이 디른 다양한 자기만의 필터를 부착하거나 다른 색의 안경을 쓰고서 자기 자신이나 외부 세상을 바라보는 것과 같으며 이것은 결국 있는 그대로의 현실을 보지 못하게 만든다.

즉, 대부분의 우리는 주변의 모든 사물과 사람, 대상, 심지어 자기 자신조차 있는 그대로의 모습으로 보지 못한다.

이것은 에고 체계의 작동 기전을 이해한다면 당연한 사실이지만, 정작 그 시스템 속에 있는 우리 스스로는 그런 자신의 모습을 인식하기 어렵다. 또한 그것을 인식한다 하더라도 그 인식을 계속 유지하고 있기란 불가능에 가깝다.

본능적이고 무의식적으로 그것과 자신을 동일시시키는 우리에게 있어, 세상을 있는 그대로 인식한다는 것은 대단히 어려운 일인 것이다.

과연 이 책을 읽고 있는 당신은 주변의 세상을 있는 그대로 인식하고 있는가? 또 그것이 가능한가?

잠시 생각해본 뒤 다음으로 넘어가자.

잠재의식

의식화되지 않은 영역이란 면에서 이것은 무의식과도 유사해 보인다. 그러나 이들 간에는 결정적인 차이가 있다. 이것은 우리가 자원/리소스나 데이터, 프로그램이라고 부르는 것들과는 완전히 독립적이기 때문이다.

저자는 잠재의식을 우리 내면의 에고를 제외한, 보다 근원적이고 본질적인 의식이라 말하고 싶다.

이것은 우리가 '영감'이라고 부르는 것이 나오는 주요 원천이기도 하며, 우리의 의식과도 독립적이며, 무의식 속의 데이터나 자원들과도 독립적이다.

과거에 많은 사람들이 잠재의식을 무의식에 부속되어 있는 데이터나 자원들과 같은 것으로 여기거나 그것과 혼합된 것으로 치부해왔다. 오랜 과거에 저자 역시도 잠재의식을 단지 뇌의 기능적인 측면으로만 이해하려 했고, 또한 최면 전문가라 불리는 사람들은 당연히 잠재의식에 대한 전문가라고 생각해왔다.

심지어 최면을 직업적으로 수년 동안 사용해오며 이 도구의 구체적인 사용법을 가르치는 최면 트레이너가 되었을 때까지도 여느 최면가들과 마찬가지로 이것에 대한 많은 오해와 착각들을 하고 있었다.

최면을 가르치는 트레이너인 내가 잠재의식에 대해 몰랐다니? 과거의 유물론적 사고관과 연역적 사고에 자신도 모르게 젖어 있던 당시의 저자로서는 그것을 받아들이기 힘들었다. 인정하기 싫었고 계속해서 내 에고 속의 기존 정보들을 기반으로 그것에 대한 판단을 고수하려 했다.

그러나 그러한 착각은 오래가지 못했다. 보다 정확히 말하면 그런 착각은 제임스 라메이 선생을 만나고 울트라 뎁스® 프로세스를 보다 진지하게 파고들며 경험하기 이전까지만이었다.

깊은 섬냄불리즘 이하의 상태들을 반복적으로 다루며 잠재의식과 관련되어 겪게 된 믿을 수 없는 경험들은 제임스 라메이 선생의 말을 받아들일 수밖에 없도록 만들었고, 과거 오랜 기간 최면을 사용해오고 가르쳐왔던 나의 큰 프레임(틀)을 산산조각으로 만들고 말았다. 나아가 이것은 개인적인 인생의 경로와 삶의 질까지도 바꾸어버렸다.

최근 들어서야 잠재의식에 대해 다른 이해를 취하고 있는 3세대의 새로운 패러다임을 기반으로 하는 일부 최면가들의 목소리가 하나둘 나오기 시작했다.

이제 모든 것이 다시 쓰여야 할 시기이다.

우리 내면에 대해 그간 허울 좋은 '최면 전문가'라는 이름으로 우리가 다루고 있던 것들은 그저 통합되지 못한 의식의 조각들일 뿐이었던 것이다. 잠재의식은 명백히 데이터나, 자원, 프로그램, 장소를 지칭하는 것이 아니며 현재의식과는 비교할 수 없이 넓은 영역의 거대한 지성체이다.

핑크돌고래라는 온라인 닉네임으로 대중들에게 더 많이 알려진 이영현 선생의 잠재의식 '케오라'에 의하면 무의식 속에 저장된 기억이나 데이터, 경험적 자원들은 정화되어야 하는 즉 해소되거나 풀어져야 할 대상이지만 의식과 잠재의식은 변화하고, 성장하고, 발전해나가는 주체이다.

그것이 그녀가 정의하는 '인격체인 것'과 '아닌 것'의 차이이기도 하다. (UD의 본질과 잠재의식의 이해에 크게 도움을 줌으로써 울트라 뎁스® 코리아의 창립에 크게 이바지했던 이영현 선생과 잠재의식 케오라에 대한 언급은 전작에서 이미 밝힌 바 있다. 이영현 선생은 ABH와 한국 현대최면 마스터 스쿨의 인증된 최면 트레이너이기도 하며 현재 대중들에게는 '정화와 소통'이라는 독자적인 프로그램으로 더욱 알려져 있다. 또한 정화와 소통과 연관된 4권의 영감적인 책들 『내 인생의 호오포노포노』, 『내 인생의 날개를 펼쳐라』, 『내 아이를 위한 정화』, 『나는 왜 호오포노포노가 안 되는 걸까?』의 저자이다.)

씨코트 선생과 제임스 라메이 선생 또한 울트라 뎁스® 프로세스를 연구하고 발전시키는 과정에서 여러 사람들의 잠재의식을 만나면서 일찍이 이것에 대해 인지했고, 지금 오늘날의 울트라 뎁스® 프로세스의 전문가들 또한 동일한 것들을 경험하고 있다.

잠재의식은 우리의 인생과 건강, 삶의 여정에 대한 모든 것을 알고 있다. 잠재의식과 함께하는 경험을 하면 할수록 늘 우리의 의식은 감탄하고 놀라며 심지어 존경과 경이로움, 겸허함까지 느끼게 한다.
왜냐하면 그들이 보여주는 것은 종종 우리 의식이 당연한 '상식'이라고 부르는 의식적 범주를 넘어서는 것들이기 때문이다.

"우리는 기존 프로그램에 영향받는

프로그램된 존재이지만,

프로그램 자체가 아니다."

모든 답과 해결책은 우리 내면에 있으며 잠재의식은 언제나 그것을 알고 있다. 이것은 의심할 바 없는 진술이지만, 그렇다고 해서 이 말을 오해하는 것은 많은 곤란한 상황들을 만들 수 있다.

우리 내면에는 모든 답도 있지만, 동시에 수많은 욕심과 기대감과 감정, 왜곡과 합리화, 그것에 기반을 둔 수많은 망상 또한 함께 존재하기 때문이다.

평균적으로 우리의 의식은 그러한 영감적인 답에 접촉하는 횟수보다 일차적으로 내면의 정보나 자원들에 접촉하는 경우들이 훨씬 많다. 자칫 이러한 현란하고 그럴듯한 메시지에 속는 경우들 또한 빈번하게 일어나며, 이것을 과신하는 에고들도 드물지 않다.

대개 이런 현란한 메시지나 정보들의 출처는 무의식 속의 자원이다. 그리고 그런 에고들의 성향 또한 그 개인의 기저 감정들과 대처 기술의 결과로서 만들어진 것이다. 잠재의식으로부터 나오는 영감은 결코 이런 것들과 같지 않다.

오히려 우리의 영감은 이들로부터 벗어나는 그 찰나의 순간에 샘솟아 난다. 당신이 잔뜩 힘을 준 채로는 결코 잠재의식으로부터 오는 영감적 메시지를 받아들일 수 없다.

저자는 앞선 책에서 이완의 중요성을 말한 바 있다. 이것은 의식적으로 할 수 있는 이완만을 뜻하는 것이 아니다.

경직은 당신의 본질이라 부를 수 있는 잠재의식으로부터 나오는 영감적인 에너지를 막는다. 이 경직은 단지 신체적인 근육의 경직을 말하는 것이 아니라 우리의 의식과 무의식 차원의 경직을 포함한다.

어쩌면 이것은 내가 무엇을 힘주어 쥐고 있는지, 심지어 스스로 자신이 힘을 주고 있다는 사실조차 인지하지 못하게 할 것이다. 당신의 내면 깊은 에고에 고착된 신념과 감정 모두 이러한 경직에 영향을 주고 있다.

그래서 최면가는 외적인 자기관리만이 아닌, 내적인 자기관리가 꼭 필요하다. 최면이라는 기술을 다룸에 있어 이 부분을 배제해버린다면 그것은 단 방향적 측면만을 고려하는 반쪽 기술인으로 남을 수 있음을 반드시 유념해야 한다.

또한 그것은 최면가로서의 성장에도, 한 사람의 인생에서도 역시 심각한 울타리와 제한을 만들어버릴 것이다.

고착과 유연성

무의식과 잠재의식은 모든 학습과 행동, 변화의 원천이다. 많은 경우에 학습은 기본적으로 의식을 거치는 것처럼 보이지만 사실 그 전부를 저장하고 기억하는 것은 무의식의 영역이다. 그리고 우리의 내면에 머무르는 기존에 학습된 것들은 무의식중에 우리의 행동으로 나타난다.

수십 년간 해왔던 행동들, 예들 들어 신발 끈을 묶고 컴퓨터 앞에서 자판을 두드리거나 운전을 하거나 자전거를 타면서 행하는 모든 작은 행동들 하나하나를 의식하면서 하는 사람이 있을까?

심지어 내 신체의 일부를 움직이는 것 또한 의식적으로 할 수 없는 부분이다. 손가락과 손, 팔에 얼마나 많은 근육이 있고 그것들이 얼마나 제대로 상호작용하고 있는지 우리는 의식하며 움직이지 않는다. 이것은 그냥 무의식적으로 행해야 하는 것이다. 의식적으로 생각하는 것은 오히려 무의식적인 움직임을 방해한다.

삶의 과정에서 뭔가 익숙해지고 무의식에 패턴화를 시킨다는 것은 대단히 효율적인 것이고, 우리가 뭔가를 하는 데 있어 많은 이점을 준다. 어떤 행위가 반복을 통해 습관화될 때 이것은 무의식의 일부가 되고 패턴화가 된다.

많은 반복적인 행위를 할 때 우리의 의식은 이것을 하나하나 생각하면서 하지 않고 무의식적으로 처리할 수 있게 한다. 이것은 속도와 효율성, 능률적인 면에서 매우 유리하다. (이런 측면에서 최면은 그 자체로 학습을 위한 훌륭한 도구라 할 수 있다.)

그러나 반면, 하나의 틀이나 습관에 고착화되기 시작했을 때 우리는 익숙하지 않은 부분에 대해 닫아버리려 하는 경향이 있다.

또한 새로운 것을 받아들여야 할 때조차 기존의 패턴이나 습관을 참조하려는 습성을 지닌다. 이는 대개 무의식적이고 자동적인 것이다.

문화와 배경이 다른 각국의 선생님들을 만나고 최면의 다양함을 접해오면서 저자는 매번 이런 경험을 해왔다. 오랜 시간 동안 어렵게 하나의 습관으로 몸에 체화한 특정한 기술들이 새로운 체계와 기술들을 만날 때, 다른 것으로 수정되어야 하거나 심지어 완전히 새롭게 써야 하는 경우들이 적지 않았기 때문이다.

그때마다 매번 그 새로운 기술이나 체계를 머리로만 이해하고 몸으로 체화시키는 기간을 거치지 않았다면, 아마 저자의 기술이나 경험은 새로운 것들을 맨 처음 몸에 배게 했을 당시의 패턴 그대로 유지되고 있었을 것이다.

그래서 저자의 마음속에는 늘 하나의 습관이나 패턴화된 기술을 영원히 내 것이라 여기지 말고, 필요하다면 언제든 그것을 버리고 넘어설 수 있는 자세를 마음의 지향점으로 두고 있다.

저자는 현재 타인에게 최면이라는 특정 분야를 가르치는 교육자로서의 역할을 하고 있지만, 다른 한 편의 개인적인 여정에선 여전히 끊임없이 배우고 성장해가야 하는 한 명의 학생일 뿐이기 때문이다.

배움에서, 특히 첫 번째 습관을 만드는 초보자의 입장에서 어떤 자원들을 기반으로 삼고 또 얼마나 건강한 기반을 만드는가는 그 이후의 학습이나 성장을 매우 유리하게 만들어줄 수도 있고 반대로 불리하게 만들어줄 수도 있다.

따라서 첫 번째 학습은 매우 중요한 것이다. 이것은 마치 기초공사가 튼튼한 바닥을 다져놓으면 이후에 처음 생각했던 이상의 건물을 올리는 데 유리한 것과 유사한 이치이다.

꼭 앞서 언급한 종류의 학습뿐만 아니라 에고 체계 내에 있는 인간으로서 누구에게나 일생 동안 감정적으로 사고적으로 행동적으로 이런 고착화 과정을 겪는 것은 필연적이라 여기고 있다.

그러나 우리의 에고의 형성과 발전이 이러한 학습이란 과정을 기반으로 하고 있는 만큼, 오히려 우리가 이것을 잘 이용하고 활용한다면 우리의 에고적 성장 측면에서도 유의미한 발전을 이룰 수 있으며 나아가 매우 만족스러운 삶을 영위할 수 있을 것이다.

이렇게 공고하게 다져진 틀들은 언젠가 그것을 넘어서야 하는 순간이 오게 마련이며 그 과정에서 우리는 '유연함'에 이를 수 있어야 한다. 왜냐하면 그런 유연함은 내적 소통과 흐름으로 연결되기 때문이다.

따라서 고착화를 넘어선 유연함에 이르는 과정은 그 틀을 넘어서기 위해 매우 중요한 것이다. 이것은 토대 위에서의 유연함을 말하는 것이며 토대가 필요 없거나 중요치 않음을 뜻하는 것은 아니다.

결국 그러한 건강한 토대 위에서 발전하는 유연함은 기존의 틀을 버리고 그것을 넘어 원래의 순수함과 유사한 상태로 돌아가도록 우리를 이끈다. 이것은 겉보기엔 원래의 학습 이전의 상태로 회귀하는 것처럼 보이지만 이것은 완전히 다른 것이다.

유명한 트랜스 퍼스널 심리학자인 캔 윌버(Ken Wilber)는 전초 오류(Pre-Trans Fallacy)란 개념에 대해 언급하고 있다. 전초 오류란 간략히 말해 에고 이전의 상태와 에고를 초월한 상태를 겉모습만 보고 혼동하는 것이라 할 수 있다.

즉, 전자아(pre-ego) 상태에서 자아(ego) 상태로 발전한 뒤, 초자아(trans-ego) 상태로 넘어갔을 때 전자아와 초자아는 겉모습으로 유사해 보이지만 그 실체는 완전히 다르다는 것이다.

우리 의식의 발전 과정을 잠시 살펴보자. 우리는 누구나 물리적 세상에 태어나 껍질 의식이 형성되기 전의 잠재의식 우위의 상태에서 나이를 먹어감에 따라 무의식적 학습을 통해 틀을 만들며 그것들이 나라는 정체성을 만들기 시작한다.

대부분의 경우 이렇게 만들어진 가짜 정체성을 일평생 '나'로 여기며 프로그램에 끌려다니는 인생을 붙잡은 채 삶을 마무리하게 된다.

그렇지만 또 다른 부류의 사람들은 그러한 단계를 넘어서는 계기와 또 다른 길을 만나기도 한다. 그들은 프로그램에 끌려다니는 자신의 모습을 발견하고 새로운 세상에 대한 눈을 뜬다.

그리고 그것을 넘어선 자신의 본질을 찾는 과정을 시작한다. 결국 그들은 자신의 잠재의식에 보다 다가가며 프로그램의 관리자로 전환되는 것이다.

잠재의식 오버라이드와 최면

다음으로 넘어가기 전에 이 책의 주제와 연관된 최면이란 도구에 대해 간략히 복습해보자.

최면은 각 세대별로, 보는 시각에 따라 그 관점이나 정의가 달라질 수 있지만, 저자는 전작의 서두에서 현대의 많은 최면가들이 주로 인용하고 있는 미국 교육부에 의해 정의된 최면의 정의를 소개했고, 그것은 다음과 같았다.

> 최면은 사람들의 현재의식의 비판력(critical faculty or factor)을 우회(bypass)하여, 선택된 사고(selective thinking)를 확보하도록 한 마음의 상태(a state of mind)이다.

같은 정의를 사용했던 20세기의 최면 거장 데이브 엘먼 선생은 위의 전반부 정의를 언급하며 최면에서 필요한 것은 '비판적 요소나 기능(factor or faculty)'만을 우회하는 것이라 했으며 이는 '비판적 사고' 작용을 우회하는 것과는 다르다는 점을 전작에서 언급했었다.

다시 한번 혼동하는 독자들을 위해 이것을 간단히 정리한다면, 크리티컬 팩터(critical factor)라고 불리는 비판적 기능은 단순하게 일치하는 믿음과 불일치하는 정보를 거부하는 자동적인 기제이다. 반면, 비판적 사고라는 것은 필요시에 사용할 수 있는 의식의 기능이며 훈련이나 교육을 통해 향상될 수 있는 우리의 논리적, 분석적, 이성적인 문제 해결의 부분이다.

일반적으로 크리티컬 팩터는 새로운 정보를 무의식 내부로 받아들이거나 거부하는 현재의식의 기능이라 말한다. 그래서 최면을 말할 때 크리티컬 팩터는 필수적인 언급으로 여긴다.

그러나 이러한 설명은 내담자나 일반인들에게 가볍게 최면을 설명하는 경우에는 충분하지만 최면상담사나 치료사가 실제로 경험하는 것들을 설명하는 모델로서는 미흡한 부분이 있는 것이 사실이다.

일례로 우리의 내면에는 UFO, 마법, 유령 등에 관한 많은 정보들이 보관되어 있지만 정작 그런 정보를 내가 믿지 않거나 내 행동과 습관, 믿음에 자동적인 영향을 받지 않는 경우들도 흔하다. 이런 것들은 우리의 내면에 단지 정보의 데이터베이스의 형태로 존재할 수도 있는 것이다.

따라서 몇몇 전문가들은 보다 전문적인 집단 내의 논의를 위해 무의식 수준에서도 의식이 가진 크리티컬 팩터와 유사한 기능을 가진 '암시 반응성의 경계'라 부르는 부분들에 대한 보다 구체적인 모델을 언급하기도 한다.

현대적인 패러다임 아래에서 최면의 정의에 대한 설명은 전작에서 다루었으므로 여기서는 그것을 상기시키기 위해 간단히 정리한다.

그럼 이쯤에서 2세대 최면의 영역을 넘어선 특화된 깊이와 새로운 패러다임을 다루는 울트라 뎁스® 프로세스에서 최면을 바라보는 관점에 대해 알아보자. 울트라 뎁스® 프로세스에서는 앞의 정의와 매우 유사해 보이지만 또 다른 측면에서 차이를 지닌 다음과 같은 최면에 대한 정의를 가진다.

최면, 써드 제너레이션 : 에고를 넘어서

최면이란 의식이 우회되고 잠재의식 오버라이드(override)가 확립된 마음의 상태이다.

우리의 의식은 뜨겁고 차가운 것, 그리고 달거나 신 것, 크고 작은 것, 어둠과 밝음 등의 개념들 사이를 판단하고 구별하는 부분이기도 하다. 그럼 우리가 이러한 의식을 우회할 수 있다면 무슨 일이 일어날까?

의식을 우회하게 된다면 우리는 더 이상 뜨거운 것과 차가운 것, 달거나 신 것 등의 개념들을 구별하지 않는다. 이때 우리는, 우리의 의식적인 행동에 긍정적 영향을 미칠 수 있는 이른바 '잠재의식 오버라이드'를 시작할 수 있는 것이다.

데이브 엘먼 선생은 직접최면에서 최면을 성립하기 위해 가장 먼저 해야 할 것은 눈 감기기를 달성하는 것이라고 말했다. 다양한 방식들이 있으나 여기에서는 개념적 설명을 위해 전작에서 소개했던 '~하는 척하기' 또는 '척하기 프레임'이라고 불리는 최면의 기본 프레임에 대해 예를 들어보겠다.

"눈을 감고 뜰 수 없는 척해보세요. 계속 그런 척하는 겁니다. 계속해서 눈을 뜰 수 없는 척을 하는 한 당신은 아무것도 느낄 수 없을 것입니다. 어떤 것도 당신을 번거롭게 하지 않을 겁니다. 내가 하는 것이 아무렇지 않을 겁니다. 척하기를 계속하면서 눈을 뜨려고 해보세요. 만약 당신이 충분히 집중했다면 그걸 할 수 없다는 걸 알게 됩니다."

여기서 우리는 언제든 피험자가 마음만 바꿔먹고 척하기를 멈추면 눈을 뜰 수 있다는 사실을 아주 잘 알고 있을 것이다. 앞부분의 눈 감기기 과정이 곧 내담자가 최면에 들었다는 걸 뜻하는 것은 아니다.

이것은 단지 최면의 첫 번째 단계일 뿐이며, 잠재의식 오버라이드가 완전하게 확립될 때까지는 최면은 성립되지 않는다. 피험자가 진심으로 눈을 뜰 수 없는 척했다면 그 시간 동안 만큼은 당신의 그 특정한 행동(예를 들어 손등을 꼬집는 구체적 행위 등)에 대한 판단력은 완전히 정지된다.

또 다른 방식으로, 피험자에게 가장 좋아하는 게임이나 스포츠가 무엇인지 물어볼 수 있다. 만약 그것이 볼링이라고 말한다면, 이제 해당 스포츠에 적극적으로 참여하는 모습에 몰두하도록 만든다. 그런 다음 이렇게 말한다.

"자신이 볼링을 치는 것을 계속해서 보고 있는 동안 전혀 이것이(같은 행동) 번거롭지 않을 것입니다."

이것이 작동했다면 이것은 위와 동일한 원리이다. 만약 최면가가 이것을 충분히 납득이 가도록 말하고 피험자가 그것을 전적으로 믿어버렸다면, 이것은 곧 피험자의 의식이 척하거나 그것을 체험하는 동안 잠재의식 오버라이드가 일어난 것이다. 이 경우, 이미 피험자의 의식은 분산되었고 그 결과 마취로도 이어질 수 있다.

사실상 잠재의식 오버라이드는 내담자가 각성 암시(각성 상태에서 주어지는 암시)를 진심으로 믿는 경우라면 언제나 일어날 수 있다.

예를 들어, 만약 내담자가 통증이 없을 것이라고 느끼고 그것을 완전히 믿어버린다면 통증은 없다. 그러나 여기에 아주 작고 미묘한 의심이라도 새어 들어온다면, 그 순간 잠재의식 오버라이드는 사라지며 동시에 의식의 우회 작용은 멈추게 된다. 당연히 그 통증은 즉각적으로 정상적인 수준에서 느껴지게 될 것이다.

잠재의식 오버라이드를 사라지게 하는 것은 그 전체 그림 속에 새어 들어오는 의심과 두려움이다. 두려움을 가져오는 것은 의식을 다시 집중 모드로 바뀌게 만드는 방어 작용의 원인이 되기 때문이다.

완전한 잠재의식 오버라이드가 확립되기 시작하며 그것을 유지하기 용이한 상태는 깊은 (프로파운드) 섬냄불리즘 상태이다. 보다 정확하게 언급한다면 잠재의식 오버라이드는 최면에서 '완전한 망각'을 경험하는 동안 비로소 제대로 확립되는 것이다.

완전한 망각은 일반적인 최면 유도에서 쉽게 만들어내는 상태는 아니지만, 울트라 뎁스® 프로세스에서는 모든 깊은 상태들의 기반 상태로서 깊은 섬냄불리즘을 확립하는 것이 필수적이며 중요한 핵심 과정으로 구성되어 있다. UD 프로세스는 내담자의 잠재의식과 함께하는 작업이며

깊은 섬냄뷸리즘은 앞의 UD의 최면의 정의에 의거한 '진정한 최면 효과'
가 시작되는 무대이기 때문이다.

간혹 해외의 최면 콘퍼런스 등에서 '최면제'라고 불리는 특정 이름들
의 약물을 사용하는 것을 최면과 연관 지어 언급하는 최면사들이 있다.
그러나 앞의 정의를 적용해본다면 단정적으로 UD의 관점에서 이것은
진정한 최면과는 무관한 것이다. 그런 종류의 화학적인 약물의 간섭을
받는 것은 잠재의식 오버라이드 상태를 확립하는 것이 아니라, 오히려
화학적인 작용으로 인한 잠재의식과의 단절을 만드는 것이기 때문이다.

변화와 성장의 도구, 최면

우리의 의식은 기존에 프로그램되어 있는 내면의 이미지에 영향을 받는
다. 운동선수들은 실제로 내면의 이미지를 자신이 원하는 목표를 성취
하는 성공적인 이미지로 확립하기 위해 상상 훈련 등의 특별한 훈련을
하기도 하며 실제로 이것이 도움이 된다.

양궁선수가 화살이 과녁에 명중하는 이미지를 반복해서 상상하거나,
농구선수가 공이 골대에 들어가는 모습을 마음속에 그림으로서 현실에
서 같은 결과를 경험하게 되는 것 등이 그 예시이다.

　레몬을 떠올리면 입에서 침이 분비되는 것처럼 뇌는 상상과 현실을 구분 못 한다. 정신적인 이미지 훈련 또한 그 몰입도에 따라 뇌 속에서 실제로 경험한 것과 유사한 효과를 만들어내며, 동시에 무의식 속에 이미 확립되어 있는 이미지는 외부 세상과 연결되면서 그것이 물리적으로 드러나는 데 영향을 준다.

　그런데 여기서 내적 이미지라 함은 반드시 시각적인 이미지만을 뜻하는 것은 아니다. 이것은 어떤 형태이건 우리의 무의식에 농축된 에너지로 표현될 수 있다.

　무의식 속의 기존 프로그램 중에는 우리가 효율적으로 무언가를 할 수 있도록 도와주는 역할을 하는 측면도 있지만, 반대로 우리가 나아가는 것을 가로막거나 방해하는 역할을 하는 측면도 있다.

　원하지 않는 일을 경험하며 생긴 오해와 그로 인해 다져진 부정적인 신념, 자신을 파괴하는 오해된 감정들이 무의식 속에서 작용하기도 한다. 앞으로 나아가려 할 때 그들 중 하나가 튀어나와 일을 그르치기도 하고, 심지어 한 사람의 무의식의 기저에서 지속적으로 작용하며 인생

전반을 원치 않는 방향으로 몰고 가기도 한다.

이런 측면에서 한 개인의 무의식 속에 어떤 자원들을 갖고 있는가, 그리고 그 자원들이 어떻게 관리되고 있는가는 삶의 전반에서 매우 중요한 부분으로 여겨진다.

무의식 수준의 변화는 새로운 지식이나 정보를 반복적으로 접하며 천천히 일어날 수도 있고 '통찰'이라는 과정을 통해 빠르게 진행될 수도 있다.

이것은 최면에서 통찰력을 다루는 기법인 연령역행 테라피나 용서 테라피, 파츠 테라피 등이 왜 장기적이거나 영구적인 강력한 기법이 될 수밖에 없는지 그 이유를 말해준다.

최면이라는 도구는 그 자체로 무의식의 기존 프로그램을 수정하는 데

최면, 써드 제너레이션 : 에고를 넘어서

있어 매우 강력하고 유용한 도구 중 하나이다. 이것은 상담사가 내담자의 무의식 속 깊은 자원들에 접근하도록 도울 수 있으며 그 변화를 촉진시키는 데 매우 효율적인 도구이기 때문이다.

따라서 이것이 적절히 적용되었을 때 내담자의 변화는 단기적이 아닌 장기적이고 영구적으로 지속되도록 도와준다.

변화라는 것 자체는 일회성의 사건일 수 있지만, 마치 초보자가 한순간에 전문가가 되는 것이 아닌 것처럼 성장이란 것은 일련의 점진적인 과정이다.

최면은 1차적으로 변화를 위한 도구로 볼 수 있지만 단발적인 변화에 그치지 않고 성장이라는 흐름으로 넘어갈 수 있도록, 더 나아간 성장의 과정을 지원하고 촉진하는 도구로 사용될 수 있다.

이제 우리는 다음 장을 통해 성장을 위한 첫걸음인 에고의 고착으로부터 벗어나도록 돕는 최면 기법들에 대해 알아볼 것이다.

참고 : 일반 최면과 UD 프로세스의 범위 비교

깊이		특징	일반 최면	UD 프로세스
얕은 상태		• 가벼운 탈렙시(경직) 반응에서 완전한 근육군의 카탈렙시 • 후각, 미각 등의 변환 • 부분적 망각 • 무통각	**포함** • 학파에 따른 차이가 있지만 대부분의 학파들에서 개입을 위해 널리 활용되는 상태	**포함** • but, 상태 자체가 아닌, 섬냄뷸리즘으로 가는 과정으로서의 의미가 더욱 큼
중간 상태				
섬냄뷸리즘	얕은		**포함** • but, 일부 개입을 위해 활용하는 경우들이 있지만, 체계화되어 있지 않아 개인적인 영역으로 여겨지는 경향 • 오늘날 점점 그 활용도가 낮아지는 추세	**포함** • but, 이 역시 깊은 섬냄뷸리즘으로 가는 과정으로서의 의미가 더욱 큼 • 극히 일부의 경우 이 상태가 활용될 수 있음
	중간	• 깊고 다양한 수준의 망각 반응 • 깊고 다양한 수준의 시각적 청각적 감각적 양성, 음성 부분환각 반응 • 암시에 의한 국소마취 반응(외과수술이 가능한)		
	깊은			**포함** • 개입이 필요시 주력 상태 • 다음 단계를 위한 기반 상태
섬냄뷸리즘을 넘어서				
에스데일 상태	얕은	• 제임스 에스데일 발견 • 암시 없이 전신마취 • 의식적인 신체통제 불가 • 사전 카타토닉 & 깊은 카타토닉 반응 동반 • 외과수술 및 출산을 위한 최적의 상태	**일부 포함 or 미포함** • 일부 포함하는 경우가 있지만 거의 연구되지 않은 상태 • 패러다임의 차이로 이하의 상태들을 최면의 범주에서 제외하는 경우도 있으며 잘못된 정보들이 많은 영역	**포함** • 엘먼의 발견들을 넘어 월터 씨코트와 제임스 라메이를 통해 더 나아간 발견들과 세부사항들 정립 • 이하의 상태들은 암시에 의한 개입이 불가능/ 불필요한 상태들
	중간			
	깊은			

씨코트 상태	얕은	• 월터 씨코트 발견 • 극도의 근육무기력 • REM 반응, 완전한 시간 왜곡	미포함	**포함** 월터 씨코트와 제임스 라메이를 통해 나아간 발견들과 세부사항들 정립
	중간	• 암시 없이 전신마취 • 정상수면의 6배~10배에 달하는 급속 회복		
	깊은	• 잠재의식이 주도, 위험감지		
제드 상태		• 제임스 라메이 발견 • 극도의 역행을 위한 상태로 초의식이라 여겨지는 미개척 영역에 접근하는 상태	미포함	포함

기타

각성 최면		• 트랜스 없는 최면	포함	포함
최면적인 수면		• 수면 상태를 최면으로 전환	포함	포함
마그네티즘		• 감각을 기반으로 하는 에너지개념의 최면	미포함	**포함** • 비시티라 불리는 에너지적 접근 포함

02. 최면 개입 : 에고의 고착에서 벗어나기

최면 암시와 지속 효과

'암시'라고 부르는 것은 오늘날 최면에서 가장 기본적이며 필수적인 것이다. 최면에서 암시는 평상시의 각성 상태에서부터 최면 상태에 이르기까지 폭넓게 사용되며, 각성 시의 암시감응성과 최면 시의 암시감응성은 연속선상에 있다.

비록 최면적인 상태가 깊을수록 암시의 효과는 큰 것이 일반적인 사실이지만, 최면가가 트랜스 유도의 이점을 포기할 수밖에 없는 부득이한 상황들이라 하더라도 최면가는 여전히 암시를 효과적으로 사용할 수 있다.

그리고 현대적인 최면 유도법에는 각성 암시들을 사용하는 것이 필수적이다. 그러나 많은 경우 실제로 암시들을 통해 최면을 유발하는 방법에 대해 그리 많이 가르쳐지지는 않는다.

사실상 최면가는 최면 상태에서만 작업하는 것이 아니라, 각성 상태에서도 작업해야 하며 그것은 최면이라 부르는 경계를 적절히 넘나들게 된다.

암시는 최면의 유도 기술에서 테라피에 이르기까지 어떠한 연결선을 만드는 중심적 역할을 지니고 있기 때문에 현대적인 최면에서 더더욱 중요한 부분으로 부각되며 그 논리적인 시작점으로 여겨지고 있다.

전작에서도 언급했듯이 '직접암시'라는 기법은 최면적 변화나 테라피를 위한 활용에서 가장 기초적이면서 기본적인 기법이다. 최면가가 간단히 최면에 든 내담자에게 변화의 내용을 암시 형태로 주는 이런 작업은 그 효과가 길게 지속되지 못하는 경향이 있으며, 암시의 효과는 최면가가 암시를 증폭시키는 방법과 강화 여부에 따라 몇 시간에서 몇 주 이상까지 지속되는 기간의 차이를 보일 수 있다.

이런 암시의 지속 효과에는 여러 가지 요소들이 영향을 미칠 수 있는데 암시가 주어진 횟수, 그리고 증폭이나 복합 암시가 사용되었는지의 유무, 그리고 내담자가 암시를 받은 최면의 깊이 또한 크게 영향을 미칠 수 있다.

그 밖에도 최면가와 내담자의 관계를 비롯해서 주변인들의 영향이나 압력, 심지어 내담자의 기분 또한 암시를 거부하게 만드는 요인이 될 수 있다.

전작에서 저자는 단순히 최면을 행하는 것과 변화를 위한 최면상담을 행하는 것은 다르다는 것에 대해 언급했다. 최면가 또는 최면상담사 역시 한 명의 미성숙한 에고일 뿐 모든 답을 갖고 있지 않다.

따라서 그런 최면가 또는 최면상담사가 스스로 생각했을 때 내담자에게 가장 적합할 것 같은 해결 방안을 결정하고 그것을 내담자에게 암시로 주거나 자기 생각을 강요하는 것은 현대와 미래의 최면상담이 추구하는 바가 아니다.

특히 이런 암시를 따르는 것이 내담자가 가진 대응 전략(coping strategy)을 지속할 수 없게 되는 원인이 된다면 당연히 이러한 암시들은 내담자의 내면에서 거부될 것이다. (우리 내부에는 과거의 경험과 교훈을 통해 어려운 시기나 스트레스에 대처해나가는 방법들이 형성되어 있는데 이를 대응 전략이라 한다. 즉, 이는 감정에 맞대응하는 전략이라 할 수 있다.)

모든 문제에 대한 답은 최면사의 부적절한 개입으로부터가 아닌, 내담자의 내면으로부터 나와야 하며 그것이 바로 에고의 고착에서 벗어나는 기반이 될 때 영구적이고 진정한 변화로 이어질 것이다. 동시에 이것이 바로 내담자 중심의 최면이며 최면상담의 미래이기도 하다.

많은 일반인들의 시각에서 최면은 그냥 최면사가 피험자에게 최면을 걸어 지시를 내리면 피험자는 마치 뭔가에 홀린 듯 그의 요구를 맹목적으로 따르는 것이 전부라고 생각하지만, 이렇게 최면이라는 분야의 뚜껑을 열고 깊이 있게 들여다보면 이것이 기존의 비전문가들이 예상하던 모습과는 완전히 다르다는 것을 발견하게 된다.

거짓말에 잘 속는 것 vs 암시에 잘 반응하는 것

오래전 마음을 다루는 인접 분야를 가르치던 지인 한 분이 최면에 잘 걸리는 사람은 속기 쉽고 정신적으로 취약한 사람이라는 말을 하는 것을 보고 깜짝 놀란 적이 있다. 더구나 그분의 경우 오래전 모 최면사로부터 최면을 배웠던 경험이 있는 분이었기에 더더욱 놀랄 수밖에 없었다.

이것이 최면이라는 분야에 대한 타 전문가의 인식이라는 생각에 약간은 씁쓸한 기분마저 들었던 것 같다. 어쩌면 독자들 중에도 역시 이런 주제에 대해 궁금한 분도 있으리라 생각한다.

앞선 책에서 '최면에 잘 걸리는'이라는 표현은 부적절한 표현임을 언급했기에 용어를 약간 수정해서 '반응하는'이라는 단어를 사용하겠다. 그럼 '최면적인 암시에 잘 반응하는 것'과 '남에게 잘 속는 것'은 같은 것일까?

결론부터 말하자면 이 둘은 다르다. 일반적으로 남에게 잘 속는 사람은 낮은 판단력과 낮게 형성된 비판력을 지니고 있는 경우가 많으며, 스스로 자신이 원하지 않는 상황에 갇히게 되는 경향이 있다.

그러나 이와 달리 암시에 잘 반응할 수 있는 사람은 높은 판단력을 지니고 있으며, 자신이 원할 때 크리티컬 팩터의 기능을 멈출 수 있는 조절력과 통제 능력을 지닌다. 즉, 암시에 잘 반응하는 사람들은 마음속에 있는 자신의 목표나 원하는 것과 관련된 암시나 제안에 보다 개방적으로 반응할 수 있는 것이다.

의지가 약하거나 마음이 약한 사람들, 귀가 얇거나 정신적으로 취약한 사람들만이 최면에 잘 들 것이라고 생각하는 것은 명백한 오해이며, 대부분의 경우 오히려 더욱 지적이고 똑똑한 사람들이 자신에게 즐겁거나, 유익하거나, 도움이 되는, 자신이 깊이 바라는 것과 일치하는 것에 대한 암시나 제안에 더욱 잘 반응하는 경우가 많다.

여기에 내적인 능력뿐 아니라 외적 능력이 조화를 이루고 적절한 협조적 환경이 주어질 때 해당 목표를 달성하는 것은 더욱 수월해질 것이다.

모든 정상적인 사람들은 암시에 반응할 수 있으며 그것은 결국 자신의 허용 여부에 달려 있는 것이다. 어떤 사람은 스스로에게 긍정적이고 강력한 힘을 주는 언어적·비언어적 암시를 지속적으로 사용하여 가장 긍정적인 성과를 맛보기도 하지만, 반대로 어떤 이는 부정적인 언어적·비언어적 암시를 습관적으로 사용함으로써 인생이란 무대에서 실패와 결핍 등 부정적인 것들을 경험하기도 한다.

이것이 설령 무의식적으로 일어난 일이라 하더라도 결국 그 결과와 무관하게 전자, 후자 모두 훌륭히 자기최면을 행하고 자기암시를 수용한 결과물이라 할 수 있다. 자기암시이건 타인암시이건 암시감응성은 성장과 퇴보에 있어 동일하게 작용할 수 있다.

논리적 이유 & 자유의지의 환상

과거에 저자가 최면에 대해 더욱 탐구하기 위해 이 분야의 한 획을 그은 스승들을 찾아 적지 않은 시간과 비용을 투자해가며 여러 나라와 지역들을 오갔던 노력에는 나름의 논리적인 이유 또는 근거가 있었다.

그러나 솔직히 최면가로서 내가 '이유'라고 지칭하는 것이 과연 진짜 이유인가에 대해서 되짚어본다면, 그것이 진짜 이유가 아닐 가능성이 크다.

왜냐하면 저자가 살아온 삶 동안 만들어온 모든 결정과 행동들에 대해 '이유'라는 것을 찾고 적절해 보이는 논리적 근거를 대는 것은 저자의 에고 체계 내의 논리적인 측면일 뿐이기 때문이다.

어쩌면 그 모든 것이 내면의 이끎에 의한 자연스러운 에너지의 흐름이었을 뿐이며, 나의 에고는 그런 결과나 중간 과정에서 논리적이라 생각하는 근거를 들며 모든 것을 의식적인 선택이라고 착각하는 것일지도 모른다.

최면에서 '후최면 암시'라고 부르는 것이 있다. 이것은 섬냄불리즘이라고 부르는 깊은 최면(최소 중간 깊이 이상) 동안에 주어진 암시를 각성 후에 무의식적으로 실천하게 되는 것을 말한다.

특히 깊은 상태에서 이 암시를 받아들일 때 유도자가 주는 지시문에 대해 망각하는 암시를 함께 받아들인다면, 각성 후에 암시받은 내용을 의식적으로 떠올리지 못하지만 자연스럽게 암시의 내용을 실행하게 되는 것이다.

혹자는 이런 얘길 들으면 범죄에 악용되거나 악의적인 암시에 휘둘릴까 염려할 수도 있지만, 앞의 언급처럼 이런 암시의 내용을 받아들이고 수행하겠다고 결정하는 주체가 어디에 있는지 생각해본다면, 이것이 그런 영화 속의 위험과는 거리가 있다는 사실을 쉽게 깨달을 수 있을 것이다. (실제로 많은 영화나 소설 속에서 이런 소재를 활용해서 대중들이 최면에 대해 오해할 수 있는 과장된 스토리들을 만들어낸다.)

예를 들어 저자의 최면 수업 중 가끔 깊은 섬냄뷸리즘 현상을 보여줄 수 있는 기회들이 생기는데 때때로 이러한 실험들을 행하기도 한다.

해당 수강생이 깊은 섬냄뷸리즘을 확보하고 저자는 다음과 같은 암시를 준다. "잠시 후 눈을 뜨고 수업을 계속 진행할 텐데 제가 헛기침을 하면서 넥타이를 만지면, 그걸 보는 즉시 창문을 열고 싶은 참을 수 없는 충동을 느끼며 창문을 열어야만 만족될 것입니다. 제가 주는 이 암시는 의식적으로는 떠올릴 수 없지만 잠재의식은 그것을 실천할 것입니다."

그리고 피험자를 각성시킨 후 계속해서 수업을 진행한다. 지금, 해당 수강생은 방금 어떤 지시를 받았는지 의식적으로 떠올리지 못하는 상태이다.

수업 도중 저자는 넥타이를 만지면서 헛기침을 한다. 첫 번째 해당 신호가 주어졌을 때 피험자의 얼굴에는 안절부절못하는 표정이 역력하다. 그러나 특별한 행동을 취하지는 않는다.

두 번째, 한 번 더 그 신호가 주어졌을 때 해당 피험자는 수업 중이기 때문에 눈치를 보며 슬그머니 일어난다. 그리고는 살금살금 창문으로 가서 창문을 열고 자리로 돌아온다.

그때 저자는 창가에 있는 다른 수강생에게 해당 피험자가 눈치채지 못하게 눈짓으로 창문을 닫으라는 신호를 주고 그 수강생은 열린 창문을 다시 닫아버린다.

저자는 다시 세 번째로 넥타이를 만지며 헛기침을 한다. 이제 해당 피험자는 아까와는 확연히 달리 망설임 없이 재빠르게 움직여서 다시 그 창문을 열고 온다. 역시 저자는 아까와 마찬가지로 창가 자리의 수강생에게 살짝 닫아달라는 신호를 보내고 그 수강생은 다시 열린 창문을 닫는다.

첫 번째 신호와 세 번째 신호의 반응 속도가 왜 달라졌을까? 첫 번째 신호에서 해당 피험자가 즉시 재빠르게 움직이지 않고 신호를 반복하며 점점 빨라지는 것은 후최면 암시의 전형적인 특성이다.

그리고 저자는 다시 넥타이를 만지며 헛기침을 한다. 이제 피험자로 나왔던 해당 피험자는 즉시 창문을 열고선 모두에게 말한다. "이 창문 좀 닫지 말고 열어두면 안 될까요?"

재미있는 것은 지금부터다. 저자는 "왜 굳이 창문을 열고 싶으세요?" 라고 해당 피험자에게 묻는다. 그때 과연 피험자는 뭐라고 대답할까?

실제로는 특정 암시를 수용했기 때문에 창문을 여는 행동을 한 것이지만, 그의 표면적인 의식은 암시의 내용을 망각했기 때문에 의식적으로는 그 내용을 떠올리지 못하는 상태이다. 따라서 그가 저자에게 대답하기 위해서는 현재 상태에서 그 질문에 대한 가장 적절한 답을 의식적으로 찾아야 한다.

실제로 나오는 대답들은 이렇다. "실내공기가 좀 답답해서요", "내부가 더워서요", "밖이 궁금해서요" 그리고 실제로 해당 수강생은 그런 종류의 대답을 했다.

눈앞에서 이런 장면이 펼쳐진다면 다소 우스꽝스러운 장면처럼 보일 수 있겠다. 깊은 최면에서 일어나는 이러한 망각을 데이브 엘먼 선생은 '허위의 망각'이라고 불렀다. 이러한 종류의 기억 상실은 기억을 반복적으로 자극함으로써 회복되기도 한다.

그러나 이것은 깊은 섬냄뷸리즘이라 부르는 깊은 최면 상태에서만 벌어지는 일이 아니다. 이와 비슷한 경험들은 우리의 일상 속에서도 드물지 않게 일어난다. 일상 속에서 우리는 자신이 의지적으로 뭔가를 선택했다는 착각 속에서 살아가는 경우가 많다.

오래전 저자는 TV에서 방영하는 격투기 시합을 보다가 거기에 나오는 어느 일본 선수에 대해 굉장한 반감을 갖고서 친구들 앞에서 그 반감을 표현한 적이 있다. 그때 친구들은 저자에게 특별히 문제 될 것이 없는 선수인데 왜 그 선수가 그렇게 싫은지에 대해 물어보았고, 저자는 그저 그 일본 선수가 매우 야비하고 뭔가 정당하지 않은 면에 대해 이야기했었다. 그리고 스스로도 그것이 실제로 그 이유라고 생각했었다. 그리고는 그 일을 잊고 있었다.

이후 어느 날, 지나는 길에 우연히 학창 시절의 동창을 마주치게 되었다. 별로 친한 친구가 아니었기에 가볍게 인사하고 지나쳤는데 그 친구가 멀어지면서 뭔가 저자의 머릿속에서 울림이 있었다.

바로 그 친구가 학창 시절 당시 야비하고 신뢰할 수 없는 행동을 종종하곤 했던, 매우 멀리하고 싶었던 친구였던 것이다. 그리고 그 친구의 이목구비나 특유의 습관이 TV 속에서 등장했던 그 일본 격투기 선수의 이미지와 겹쳐졌다.

그제서야 깨달았다. 저자는 단지 그 친구의 이미지와 그 일본 선수의 이미지를 무의식적으로 겹쳐놓고 있었던 것이다. 그것은 결국 단지 저자의 내부적 필터의 일부 때문에 만들어진 반응일 뿐이었다.

이것은 하나의 단편적인 예에 불과하며 우리는 얼마든지 다양한 상황에서 이와 유사한 것들을 자동적으로 행하고 있다.

이처럼 우리의 표면의식은 대개 내가 행하는 모든 선택과 행동에 대해 자신의 자유로운 선택의 결과라 생각하고 당연히 그 진짜 이유를 알고 있다고 생각한다.

그러나 대부분 그러한 행동이나 생각의 원인은 우리의 무의식 내의 정교한 프로그램으로부터 비롯된다.

외부적으로 표현되고 있는 우리의 표면적인 에고 파트는 무의식 속에서 특정한 문제나 행동을 유발하는 기저 파트들이 지니고 있는 진짜 원인을 모를 수 있다.

따라서 상담 상황에서 역시 내담자가 생각하는 자신이 가진 문제의 원인이나 유도자가 예상하는 원인은 양쪽 모두 그 문제의 진짜 원인이 아닌 경우가 많다.

그래서 최면분석이나 역행(리그레션) 테라피, 파츠 테라피 등을 사용하는 최면상담사들은 상담 진행 시 유도자의 배경 지식을 활용한 개인적인 예상을 실어서도 안 되고 내담자가 표면적으로 말하는 원인에 의존해서도 안 된다.

최면은 드러나는 내담자의 표면적 문제와 내부의 무의식적 원인 사이를 이어주는 강력한 도구가 될 수도 있지만, 부적절한 개입은 이를 전혀 엉뚱한 방향으로 흘러가게 만들기도 한다.

여기서 좀 더 나아가 우리의 자유의지와 의사 결정의 순간에 대해서도 생각해보자. 우리가 자유의지라고 부르는 이 의지와 결정이 실은, 의식보다 앞서 의식이 인식하지 못하는 무의식적인 곳으로부터 기원된다면 어떨 것 같은가.

생리학자인 벤자민 리벳은 그의 실험에서 EEG 뇌파 검사를 통해 피험자가 자신이 움직이려 결심했다고 인식하기 300밀리세컨드 이전에 뇌의 운동 피질에서 활동이 나타난다는 것을 보여주었다고 한다.

또한 이후의 다른 연구의 연구자들은 FMRI(자기 공명 영상 장치)를 통해 피험자가 무작위의 글자들을 보면서 두 개의 단추를 누를 때 어떤 버튼을 누를지 의식적으로 결정하기 7~10초 전에 어떤 버튼을 누를지에 대한 정보가 포함된 두 군데의 뇌 부위를 발견했다고 한다.

이들과 또 다른 관련 연구에서는 피험자가 자신이 내린 결정을 인식하기 700밀리세컨드 전에 뇌 피질에서 단 256개의 뉴런 활동을 보여주었는데 이 정보를 통해 피험자의 결정을 80%의 정확도로 예측하는 것이 가능했다고 한다.

이런 실험들을 통해 알 수 있는 것은 우리의 표면의식이 커피를 마실지, 녹차를 마실지 결정을 내리는 그 순간 이미 그 이전에 우리의 내면은 무엇을 할지를 미리 정해놓았다는 것이다.

표면의식은 단지 이후에 그 결정을 의식함으로써 우리가 결정을 내리는 과정 속에 있는 것처럼 믿게 된다는 말이다.

정리하자면 표면의식은 내 경험에 대한 목격자로서, 의도와 생각이 떠오를 때까지 다음 생각과 의도를 결정할 수가 없는 것이다.

자, 그렇다면 과연 이런 의도와 생각은 어디로부터 나오는가?

이런 사실들은 지금까지 당연하게만 생각해왔던 '나라는 자신이 의식과 결정의 주체이며 자유의지를 갖고 있다'라는 일반적인 사실을 돌아보게 만든다.

"인간은 자신이 바라는 것을 행할 수는 있지만,
자신이 바라는 것을 바랄 수는 없다."
- 쇼펜하우어(Schopenhauer)

원인을 밝히는 도구, 연령역행

전편에서도 언급했던 역행(리그레션)이라는 기법은 최면분석이라는 용어로도 불리며, 내담자가 호소하는 문제의 내부적 원인을 찾아주는 대표적인 접근법 중 하나이다. 따라서 최면을 사용하는 상담사들이라면 기본적으로 체화하고 발전시키기를 권고하는 기법 중 하나이다.

그러나 안타깝게도 오늘날까지 이 기법의 사용법이 표준화되어 있지 않기 때문에, 몇몇 전문적인 단체들은 각각의 특화된 방식들을 가르친다.

따라서 많은 최면협회나 단체들의 기본 교육 편성에서는 이런 내용들이 포함되지 않는 경우가 많고, 포함되더라도 매우 기초적인 도입 수준에서 다루어지거나 심지어 충분히 훈련되지 못한 트레이너들에 의해 이 접근의 본질이 왜곡되는 경우도 있다.

이런 이유로 역행을 통한 최면분석을 최면상담에 녹여내기 위해서는, 그것을 다루는 별도의 전문적인 최면 스쿨을 통해 추가 코스들을 이수해야 하거나 보다 전문적이고 특화된 추가 학습들이 필요할 수 있다. 지금부터 언급할 역행 테라피는 그런 전문화된 프로그램들을 기준으로 하고 있음을 미리 언급한다.

일반적으로 변화를 위한 최면 역행 상담의 목적은 내담자가 가진 문제가 발현되는 무의식 속의 근본 원인을 밝혀내고 그것을 중립화 또는 해소시킴으로써 그것으로부터 받아오던 영향력을 제거시키는 것이다.

만약 이 영향력을 그대로 남겨둔 채 유도자가 반복된 직접적인 암시

만으로 문제를 덮어버리려 할 경우, 단기간의 효과로 끝나버리거나 내담자의 무의식이 직접암시 자체를 거부할 수도 있다.

단순 습관성의 문제라면 기본적인 직접적인 암시 기법이 작동할 확률이 높지만, 근본적인 원인과 연관된 에너지로부터 뿜어내는 내부의 저항은 최면상담사가 주는 해당 암시나 제안을 거부하거나 무력화시키려 할 것이기 때문이다.

모든 문제의 원인이 과거에 기반을 두는 것은 아니므로 역행 테라피는 모든 내담자의 문제에 필수적으로 적용되는 접근법은 아니지만, 이것은 최면상담사의 도구 박스에 필수적인 도구로서 담아두기를 권하는 접근법이다.

앞서 우리 모두는 어린 시절에 대처 행동의 일환으로서 무의식적으로 뭔가를 학습해오며 우리의 성격적 특성을 만들어왔다고 말했다. 그런데 내담자에게 단지 일방적으로 그것에 반하는 암시를 주입하려는 경우, 과연 그 무의식의 해당 부분이 그것을 순순히 받아들이고 그것을 영구히 유지할 수 있을까?

물론 해당 부분이 그것을 쉽게 받아들이고 영구적으로 그 변화를 유지할 정도의 간단한 사례라면 직접암시나 내부 이미지를 다루는 결과 중심의 간단한 기법들로 손쉽게 해결될 수 있을 것이다. 그러나 현대인들이 가진 많은 내부의 문제들은 그리 단순하지 않은 경우가 많다.

따라서 최면상담이란 분야에서 내담자의 영구적이고 장기적인 변화를 위해 최면사가 그 무의식적 원인 부분을 정확히 찾아 중립화시키거나 해소시키는 접근은 매우 중요한 요소이며 최면상담사의 전문성이나 능력과도 직결될 수 있다.

그렇다면 이 원인이란 것은 과연 진짜 원인인 것일까? 간혹 수강생들로부터 이것에 대해 질문받는 경우들이 있다. 최면 상태에서 이 문제의 원인은 '그것'이었고 이제 '그것'이 해결되었으므로 당신은 괜찮다고 말했을 때, 내담자가 바뀔 수 있는가 하는 질문 말이다. 충분히 일리 있는 이야기이고 실제 최면 작업에서는 종종 그 원인의 적절성과 관계없이 그런 종류의 암시가 작동하기도 한다.

그리고 심지어 역행 기법을 사용하면서, 전작에서 언급했던 '부적절한 리딩' 암시를 남발하며 내담자에게 유도자가 생각하는 원인을 제시하거나 심지어 작화하게 만들고 그것을 해결했다는 암시를 주기법으로 사용하는 최면사들을 본 적이 있다. (일부 유도자가, 내담자가 가진 문제의 근본 원인이 전생의 사건에 있다고 각성 상태에서 선암시하고 그것을 작화하여 다루거나, 원인이 내담자의 몸속에 다른 영혼이 빙의되어 있다고 암시하고 그것을 대상화시킨 뒤 분리하는 작업을 행하는 일부의 사례들 또한 비슷한 맥락에서 이와 유사하다.)

전작에서 언급했듯이 역행 상담은 있었던 사건의 '팩트(fact)'가 아닌 내담자의 주관적인 '인지'를 다루는 것이다. 따라서 그 원인이라고 하는 것 역시 매우 주관적인 요소이다.

만약 위에서처럼 유도자가 부적절한 리딩으로 작화시킨 원인이 내담자의 깊은 내면에서 그 문제 행동을 일으키는 무의식적 파트가 주관적으로 생각하는 진짜 원인과 상충하거나, 그것으로 인한 감정과 행동에 반하는 것이라면 그러한 작업은 한시적으로 작동하는 암시가 되거나 결국 시간이 지난 뒤 원래의 문제 행동으로 돌아가도록 만들지도 모른다.

그렇게 만들어진 내면의 이미지는 긴 시간 마음에서 유지되기 어려울 수 있고, 부적절하게 만들어진 특수한 관념을 결합시킬 경우 또 다른 문제를 야기할 수도 있다.

우리가 하고자 하는 것은 결국 내담자의 내적 이미지가 완전하게 바뀌고, 그것이 장기간 또는 영구적으로 유지될 수 있도록 하는 것을 목표로 하는 것이다.

역행 테라피는 단지 직접적인 암시로 내적 이미지만을 바꾸려는 시도가 아닌, 통찰 또는 해소를 기반으로 장기적인 변화를 추구하는 작업이다. (만약 역행 기법을 사용하면서 단순히 유도자가 내담자의 문제 장면을 긍정적으로 바꾸어준다거나 임의로 좋은 암시를 주입하는 식의 작업을 행하는 경우가 있다면, 그것은 엄밀히 말해 역행의 형식을 빌려왔을 뿐 역행 테라피라고 부를 수 없는 것이다.)

의식과 무의식이 연동되는 이런 통찰 프로세스는 무의식의 감정과 사고를 재정렬시키고 내적인 변화를 영구적으로 이끄는 강력한 작업이 될 수 있다. 통찰이 확립되면 무의식은 그것을 수용하기 위해 무의식 속의 모든 관련된 데이터와 믿음, 습관들을 재조직해야만 하기 때문이다.

최면분석의 주요 개념들

최면계에서 통용되는 연령역행 상담의 몇 가지 전문 용어들이 있다. 이 외에 몇몇 통용되는 다른 용어들이 있지만, 여기서는 가장 흔하고 대중적으로 사용되는 용어만을 소개한다.

먼저, ISE라는 용어가 있다. 이것은 Initial Sensitizing Event의 약자로 문제가 시작된 최초의 사건을 뜻한다. 진짜 ISE를 밝혀내는 것은 작업의 성패를 좌우할 수 있는 만큼, 연령역행 테라피에서 ISE는 가장 중요한 개념이며 역행의 1차적인 목표는 바로 ISE를 밝혀내는 것이다.

그리고 그것에 못지않게 중요한 작업은 이것이 진짜 ISE인지를 검증해나가고 확정 짓는 세부 절차들이다.

다음으로 SSE라는 용어가 있는데, 이는 Subsequent Sensitizing Event의 약자로서 ISE를 강화시킨 사건, 즉 후속적인 사건들을 뜻한다. 이것은 일반적으로 하나의 사건이 아니라 여러 개의 사건일 수 있다.

전문가들이 알아야 할 세 번째 용어는 SPE이다. 이것은 Symptom Producing Event의 약자로 문제 증상이나 징후가 나타난 사건을 말한다. SPE를 다루는 것은 ISE를 다루는 것 다음으로 중요도가 큰 부분이다. 많은 초심자들이나 심지어 전문가들조차 SPE와 ISE를 혼동하거나 속는 경우가 많으므로 각별히 주의해야 하는 부분이다.

최면 작업에서 유도자의 직관은 중요한 요소일 수 있지만, 각각의 것들이 확정되기 위해서는 충분한 논리적 근거들이 뒷받침되어야 하며, 이런 종류의 작업에서 ISE나 SPE 등의 중요 요소들을 직감에만 의존해 결정하는 것은 부적절하다.

오늘날 국내에도 EFT(Emotional Freedom Techniques; 감정 자유 기법)를 사용하는 많은 사람들이 있기에 그러한 독자들을 위해 한 가지 더 언급한다면, 최면에서 말하는 ISE의 개념은 EFT에서 말하는 핵심 주제 또는 코어 이슈와는 다소 다른 측면을 의미하므로 혼동하지 않았으면 한다.

이런 요소들을 찾아내고 검증하는 과정을 거쳤다면, 다음으로 이것을 중화시키거나 해소하는 작업이 요구된다.

일부 사례에서 사건을 재경험하는 것만으로도 치유적인 효과가 일어나는 경우가 있지만, 모든 사례들이 그런 양상을 띠지 않으므로 현대의 역행 테라피에서는 유도자의 적절한 개입은 중요한 절차로 간주된다.

그러나 이 '적절한' 수준의 개입이란 것이 유도자의 작위적인 해석이나 판단, 단순히 이미지를 바꾸는 직접적인 암시 등을 뜻하는 것이 아님에 유의할 필요가 있다.

최면상담사는 이것이 현실에 기반을 둔 감정인지, 현실에 기반을 두지 않은 감정인지를 판단하고 그에 따른 세부 절차를 진행해야 한다.

내담자의 문제가 현실에 기반을 둔 감정의 경우 '해소' 절차를 적용하고, 내담자의 문제가 현실에 기반을 두지 않은 감정의 경우라면 '중화'

또는 '중립화' 절차가 목표가 되는 것이다.

그리고 이 모든 과정들은 처음부터 끝까지 내담자 중심으로 진행되어야 한다.

이 강력한 절차들이 적절하게 진행되었다면 문제를 일으키는 내담자의 무의식적 부분이 내사된 이미지로부터 자율성을 되찾거나 원인이 되는 느낌, 감정, 생각들을 만들어낼 이유가 사라짐으로써 과거의 영향력으로부터 자유로워지는 것을 촉진한다.

앞선 언급처럼 단순히 최면을 행하는 것과 최면상담을 행하는 것은 다소 다른 의미를 가질 수 있다. 만약 연령역행 테라피에서 최면가의 작위적인 해석이나 판단, 단순히 문제 장면의 이미지를 긍정적인 장면으로 대체하는 수준의 개입만을 행하는 최면가가 있다면, 그것은 최면가라고 불릴지언정 최면상담사라는 이름은 어울리지 않을 것이다.

왜냐하면 그것은 경우에 따라 내담자의 고착을 중화시키거나 해소시키는 것이 아닌 오히려 또 다른 고착을 만들어주는 결과가 될 수도 있기 때문이다. 이러한 작업은 고착의 해소를 통해 에고 파트 수준에서 그들의 본성에서 나오는 자율성을 되찾게 하는 것과는 본질적으로 다른 작업이 될 수 있다.

그러므로 다른 사람의 영구적인 변화를 돕는 최면상담사가 되고자 하는 사람이라면 반드시 기본적인 학습을 넘어 보다 전문적인 최면상담 이론과 깊이를 탐구하길 권한다.

데이브 엘먼 선생은 연령역행을 이용한 최면분석 기법이 발전하는 데 크게 공헌했고 특히 의학적인 이슈들에 대해서도 이 기법의 가치를 크게 높인 인물이었다.

엘먼 선생이 활동하던 시대에는 이런 기법들을 통해 그가 해냈던 특수한 이슈들에 대해 결과들을 만드는 최면사들이 거의 없었고 정교한 접근법들이 체계화되지 않았던 시기였기 때문에 그가 사용하던 최면분석의 초기 형태는 오늘날처럼 현대적으로 구조화된 방식은 아니었다.

그럼에도 불구하고 그가 남긴 기록들은 오늘날의 최면상담사들에게 많은 통찰을 제공한다. 당시의 그는 ISE를 발견하고 확정하는 과정은 물론 이 프로세스를 진행하는 전 과정에서 마치 한 명의 명탐정이 된 것처럼 그의 직관을 더해 이 작업을 진행했으며 놀라운 결과들을 연속적으로 만들어냈다.

기억의 재응고 과정과 최면

앞서 언급한 것처럼 우리가 떠올리는 기억이란 것은 매우 주관적인 인지이다. 새로 만들어진 기억은 신경세포들을 연결하는 시냅스들이 만들어지며 형성되는데, 이것이 오래 지속되려면 공고화되는 과정을 거쳐야 한다.

즉, 학습 직후의 불안정한 단기 기억의 상태에서 시간의 흐름에 따라 장기 기억으로 가며 안정화되는 것인데 이런 가설을 '기억의 응고' 또는

'기억의 강화' 과정이라 부른다.

이러한 응고(consolidation)화 가설의 발전된 형태인 '재응고' 또는 '재강화'라는 개념은 기억을 재구성하는 기반이 되는 메커니즘으로 2000년에 캐나다의 신경과학자인 카림 네이더에 의해 처음 제시되었다.

재응고(reconsolidation) 과정이란 장기 기억 속의 오래된 기억이더라도 일단 그것이 의식화되게 되면 마치 새 기억과 같이 일시적으로 불안정한 상태를 보이게 되고 이것은 다시 시간이 지남에 따른 응고화 과정을 거쳐 재저장되는 것이다.

따라서 이 개념을 응용한다면 재응고 과정에서 새로운 정보가 통합될 수도 있고 기억을 지우는 데도 사용될 수 있을지 모른다. 앞서 기억을 지운다고 표현했지만 사실 이것은 기억을 지운다기보다 정서적 반응을 약화시키는 것이다.

누군가가 지닌 강렬한 외상 기억은 스스로 그것을 회상하고 재응고시키는 반복된 과정 속에서 점점 더 심각한 상태로도 발전할 수 있다.

학자들 사이에서는 새로운 기억을 형성하는 과정에서 시냅스 연결을 강화하는 단백질 합성을 방해하거나 전기 충격 요법, 고혈압약이자 베타 차단제인 프라프로놀롤 등의 약물을 사용하는 연구 등 PTSD(외상 후 스트레스 장애; post-traumatic stress disorder) 환자들의 외상기억 회상 이후의 재응고 과정에 개입하거나 기억을 다루기 위한 다양한 나름의 연구와 시도들이 진행되고 있다. 그러나 이런 종류의 실험들에는 긍정적, 부정적 결과들이 혼재하고 아직은 해결해야 할 많은 문제들이 있다.

참고로 우리가 흔히 볼 수 있는 음식인 카레의 강황에 소량 포함되어 있는 커큐민(curcumin)이란 성분은 이런 기억의 재응고 과정을 차단하는 데도 일부 도움이 된다고 알려져 있다.

앞의 가설을 전제로 최면상담사로서 임상 현장에서의 최면 작업들을 대입해보면 왜 우리가 해왔던 최면 연령역행이나 파츠 테라피 등의 최면 작업들, EFT 등의 도구들이 내담자의 무의식 속의 기억과 감정에 대한 장기적, 영구적 변화에 효과적일 수밖에 없는지에 대한 또 하나의 관점을 제공한다.

이미 오래전부터 최면상담사들은 이러한 기억의 재응고화 과정에 관여해왔으며 이미 활용되고 있는 최면상담의 구체적인 개입 기법이 아니더라도, 위와 같은 실험을 위해 외상경험의 불안정화를 끌어내는 측면에도 최면 기법의 부분적 활용은 매우 유용한 도구가 될 수 있을 것이다.

파츠 테라피의 배경

내담자 중심 파츠 테라피는 최면상담을 공부하는 이들에게 내담자 중심 연령역행 테라피와 함께 체화하도록 권고되는 또 하나의 접근이다.

이것에 대해 전작에서 개략적으로 소개했었지만 이 장에서 우리의 무의식의 고착에서 벗어나게 하는 강력한 접근법의 하나로서 부가적인 부분에 대해 언급한다.

파츠 테라피의 배경에는 에고 파트와 연관된 성격 이론들이 있다. 그리고 연령역행(리그레션) 테라피와의 완벽한 조합은 이것을 매우 뛰어난 정신 역동 테라피로서 자리매김하는 입지를 굳혀주었다.

프로이트라는 심리학자에 의해 주도된 1900년대 초반의 정신 역동 이론과 그에 따른 흐름은 어린 시절에 발생한 충격적인 정신적 사건이 훗날의 심리적인 고통을 초래한다는 주장에 기반을 두고 있었다.

심리학적 갈래에서 정신 역동 운동은 병리적인 원인을 이론적으로 이해하고 분석하는 데 크게 기여했지만, 문제의 증상을 해결하기 위해 그 원인을 해결할 수 있는 방법을 고안하는 데는 실패했다.

이후 현상학과 인지행동주의라는 흐름은 이런 원인과 결과의 관계를 부정하지는 않았다. 그렇지만, 정신 역동 기법들이 초기의 사건들로 시작된 무의식의 기저 문제들을 다루는 데 실패함으로 인해 행동주의 심리학자들은 다른 형태의 개입을 시도했다.

즉, 치료적인 목표를 증상의 경감과 완화에 둠으로써 과거로부터 발생한 문제의 해결책을 포기하는 대신 치료적인 초점을 숙제와 리프레이밍(관점 바꾸기)에 맞추기로 한 것이다. 이렇게 내담자에게 행동과 연관된 '숙제'를 내주는 것은 내담자가 자신감을 갖고 전진하게 하는 데 도움이 된다.

이런 접근은 빠른 결과를 나타내며 많은 내담자들에게 도움을 주었지만, 여전히 우리의 무의식 과정 속에서 일어난 원인은 그대로 남겨두게 된다. 그래서 이러한 인지 행동 치료법을 통해 얻은 개선과 향상의 징후들이 장기간 영구성을 갖는지에 대한 논란이 있었다.

이것이 내담자에게 상황에서의 대처 기법을 제공하는 측면에서는 유용한 면이 있지만, 여전히 내담자 내면의 상처 입은 에고 파트는 그대로 내상을 입은 채 남아 있기 때문이다.

예를 들어, 한 여성 내담자가 어린 시절의 성폭행과 관련한 트라우마를 겪은 이후로 성적으로 관련된 모든 행위들을 즐길 수 없는 문제를 갖고 있다.

이 여성에게 인지행동 치료적인 개입은 성에 대해 다르게 생각해보도록 요청하고 모든 사람들이 다 성관계를 즐기지는 않으며 이 부분에 문제가 있는 것은 아니라는 것을 받아들일 때까지 천천히 점진적인 관계를 요청했다. 그 결과 이전보다 훨씬 덜 불안감을 느끼며 성관계를 가질 수 있게 되었다.

그러나 그녀는 성과 연관된 행동에 대한 끔찍한 트라우마로부터 완전히 자유롭지 못했고 여전히 내면의 상처와 두려움을 가진 에고 파트는 어떤 방식으로든 자신을 드러내려 하면서 성과 연관된 경험을 즐기는 것을 막거나 방해했다.

과거 수십 년 동안 '최면'이라는, 상대적으로 작은 규모의 집단에서 이러한 부분을 다룰 수 있는 빠르고 효과적인 체계들과 방법론들을 발전시켜왔다. 이 집단 내의 일부에서는 인지 행동적 접근의 장점이나 효과를 결합시키려 하기도 하고 심리학의 깊이를 추가하여 방법론적 발전을 도모하기도 했다. 또한 이미 몇몇 실증적이고 효능 있는 연구들이 그 타당성을 입증하기도 했다.

프로이트와 동시대를 살았던 폴 페던은 인간의 인격을 '파트들이 구성된 것'으로 정의했다. 그는 사람들의 인지 여부와 관계없이 뚜렷하게 관찰되는 파트의 변환에 주목했고, 이러한 인격의 부분들을 '에고 상태'라 불렀다. 그는 자신의 이론적 업적을 연구나 치료법의 적용으로 확장하지는 않았지만, 이후의 많은 연구자들에게 큰 실마리를 제공했다.

내담자 중심 파츠 테라피를 개척한 찰스 티벳 선생은 비슷한 주장을 했던 칼 융보다는 폴 페던을 더욱 신뢰했고, 그가 말한 이것을 '에고 파트'라고 부르면서 결국 간략하게 '파트'라고 줄여서 사용하기 시작했다.

일상 속의 에고 파트

앞서 '파트'라고 부른 이것은 최면 상태에서만 일시적으로 나타나는 특별한 상태일까?

그 답은 당연히 '아니다'이다. 당신은 살아오면서 '난 이렇게 하는 것이 너무 편안해'라고 느끼거나 말해본 적이 있는가?

만약 당신이 이렇게 말한다면 그것은 당신 에고의 측면인 파트들이 동의하고 내부적인 갈등이 없는 상태에서 말하고 있는 것이다.

그러나 이와는 반대로 '난 이런 내가 너무 싫어'라고 생각하거나 말하는 것은 파트들 간의 단절이나 갈등을 뜻할 수 있다. 즉, 이것은 적절한 내적 의사소통의 부재로 인해 나타나는 것이다.

철수와 영희는 사귄 지 얼마 안 된 풋풋한 새내기 커플이다. 햇살이 내리쬐는 화창한 어느 오후, 두 사람은 공원으로 데이트를 나갔다. 철수는 영희가 친절하게 다른 사람들을 도와주고, 어린아이와도 잘 놀아주며, 강아지 같은 조그만 동물들을 보살피는 모습을 보며 행복한 미소를 짓는다.

그리고 이렇게 생각한다. '이렇게 따뜻한 여자는 세상에 또 없어. 이 여자는 하늘이 내려준 나의 단짝이야. 꼭 결혼해서 평생 사랑하면서 함께 살고 싶어.'

그렇게 즐거운 시간을 보내던 두 사람은 식사를 하며 대화를 이어간다. 직업에 대한 이야기를 나누던 중 영희는 철수의 직업에 대해 흠을 잡으며 비판하기 시작한다. 시간이 지날수록 영희는 철수의 직업을 더욱 부정적으로 말한다.

영희의 이런 태도와 발언을 듣고 있던 철수는 뭔가 적대적이고 방어적인 느낌과 함께 화가 올라오기 시작한다.

그는 결국 분을 삭이며 이렇게 생각한다. '내가 저런 여자를 좋아했었다니… 이건 정말 아니야. 저 여자와 결혼할 수 없어. 저런 여자와 사는 것은 불행이야. 헤어져야겠어. 저 여자와 어떻게 헤어질까…?'

철수가 경험한 이 두 가지 마음은 완전히 반대되는 것이지만, 우리의 생활 속에서 이와 유사한 일들은 종종 일어난다. 이것은 다중인격과 같이 병적인 상태가 아니며 정상적인 우리의 일상에서 누구나 자연스레 겪을 수 있는 정상적인 에고의 구조이다.

앞의 사례에서 가족에 대한 정과 사랑, 따뜻함을 느끼는 파트는 분명 철수의 한 부분이다. 그러나 영희가 철수의 직업에 대해 비판하고 부정적으로 말할 때, 보호막을 치며 공격자로부터 철수를 지키기 위해 적대적이고 방어적인 자세를 보인 것 또한 철수의 다른 한 부분이다. 이때 철수는 결코 영희와의 행복한 가정을 꿈꿀 수 없게 된다.

이렇게 우리 내면의 감정들은 하나의 에고 파트에 의해 표현되고 잠시 후 다른 파트에 의해 상이한 생각과 느낌, 감정을 가질 수도 있다. 이 두 파트는 모두 철수의 일부분이며 서로 다른 파트가 중요한 만큼 철수에게 꼭 필요한 파트들이다.

시간이 지나며 두 사람의 관계가 긍정적으로 흐르다 보면 반대 입장인 두 파트는 각각 어떤 긍정적인 확신을 갖게 되거나 방어적 반응을 줄일지도 모른다. 그러나 두 파트가 변화한다 하더라도 항상 해당 파트들은 자신들의 역할을 지키고 있을 것이다.

최면, 써드 제너레이션 : 에고를 넘어서

파츠 테라피는 이러한 파트들의 기능적인 의사소통을 촉진시킬 수 있고, 파트들이 더 나은 방식으로 활동하도록 기능 분산을 하거나 조화롭게 협력하는 상태로 발전하도록 지원할 수 있다.

인간이라면 누구에게나 해당되는 이런 파트들은 일찍이 우리가 가지는 방어기제로부터 출발한다. 이것의 반복적인 출현이 성격 또는 인격의 파트들을 구분 지으며 발전하는 것이다.

방어기제라는 용어는 지크문트 프로이트 박사의 논문 '방어의 신경정신학'에서 처음 사용된 말이다. 이 방어기제는 프로이트가 말한 신경증적인 구조에 속하는 것이지만, 자신을 보호하고 방어하는 행위 그 자체는 병적인 것으로 간주되지 않는다는 점을 알아두자.

단 모든 사람에게 파트가 존재하듯이 해당 파트가 지니고 있는 내사 대상 또한, 모든 사람에게 존재한다. 파트가 지니고 있는 내사 대상들은 방어기제로서 시작된 것이 아니며, 그것은 한 사람의 일부분이 되려고 하지 않는다. 그러나 내적인 힘을 다루는 방식은 파트들을 다루는 방식과 동일하게 적용되며 변화 역시 가능하다는 점 또한 간략히 언급한다.

저자는 개인적으로 인격의 파트들이 트라우마로 인해 코어(core) 에고에서 나눠진다고 말하는 왓킨스 박사의 입장보다는, 파트들이 대처 기술로서 발전되었고 그것이 외상을 겪을 수도 있다는 에머슨 박사의 견해를 취하고 있다.

파츠 테라피의 적용

만약 의학적인 접근이나 목표로 파츠 테라피를 활용하는 전문가라면, 파트들을 기반으로 한 성격 이론의 깊이를 명확히 이해해야 하며 병리학적 증상과 관련된 인격의 정확한 부분을 파악하고 정확히 '진단'해내야 한다. 그리고 그와 함께 그것에 대한 치료적 개입 전략을 명확한 절차로 수행해야 할 것이다.

우리 내면에서 일어나는 여러 가지 문제들은 내면의 파트들 간의 충돌과 갈등에서 비롯되는 경우도 있지만, 공포, 불안, 혼란, 우울, 무기력, 죄책감 등의 부정적인 감정이나 느낌들에 사로잡히는 경우도 있다.

나아가서 반대로 이러한 감정들을 회피하기 위해 나오는 행동들도 있는데 이것은 중독이나 강박, 자해 등의 행동으로 표현되기도 한다.

뿐만 아니라 어린 시절에 학습된 불건전한 대처 기술을 표현함으로써 반사회적 행동이나 수동적 공격성, 인격 장애 등과 같이 나타나는 문제들도 있다.

또한 이외에도 파트들 간의 모순과 부조화로 인해 생기는 문제들도 있을 수 있는데, 이것은 병리적인 측면의 문제가 아니다.

이처럼 파트들의 문제는 매우 다양하며 이들이 독립적일 수도, 혼합된 형태일 수도 있다.

깊은 최면이 결합된 파트워크는 최면을 배제한 파트워크에 비해 그 효과와 지속성 면에서도 월등히 유리하다.

우리 내면의 많은 문제들은 표면적으로 활성화되지 않은 기저 파트들과 연관된 경우가 많으며, 이런 파트들은 최면 없이 접근하는 것이 매우 힘들 수 있기 때문이다.

물론 최면이란 것이 유도자나 상담사가 그것에 대해 인지하거나 의도하지 않더라도 상담 과정에서 자연스럽게 동반되어 일어날 수 있고, 의도치 않게 깊은 최면을 경험하면서 그 효과를 발휘할 수도 있다.

그러나 우연히 일어나는 확률에 의지하는 것과 상담사가 그 과정 전반을 인지하면서 관리하며 진행하는 접근은 완전히 다른 것이다.

파츠 테라피는 일부 의료 관계자에 의해 의료적 목적으로 활용되거나 기타 특수 목적으로 활용되는 경우도 있을 수 있지만, 대개 그 외의 분야에서 활용되고 있는 파츠 테라피 기술은 거의 제한이 없을 만큼 매우 광범위한 크고 작은 마음의 문제들을 다룰 수 있다.

내담자 중심 파츠 테라피와 기타 파츠워크의 변형 간에는 큰 차이가 존재한다. 그 가장 큰 차이 중 하나로 파츠 테라피는 철저하게 '내담자 중심적 접근' 내에서 진행되어야 하는 철칙을 고수한다는 것이다.

문제에 대한 모든 답과 해결책은 내담자 스스로의 내면으로부터 나와야 하며, 결코 유도자가 조정해주는 해결책이나 임의적인 결론으로 이끌어서는 안 된다.

이 과정에서 유도자에 의한 어떠한 '진단'도 포함되지 않으며, 유도자에 의해서 임의로 파트의 범위나 분류가 진행되어서도 안 된다. 최면상담사는 병리적인 문제를 진단하고 처방할 수 있는 지위에 있지 않으며, 이것은 결코 내담자 중심 접근법이 지향하는 방향 또한 아니기 때문이다.

내담자 중심 파츠 테라피라는 외관상으로 단일의 테크닉처럼 보이지만, 이것은 구조적이고 논리적인 하나의 완성도 높은 최면상담 시스템이다. 이 과정에서 내담자 중심 역행(리그레션) 테라피는 옵션이 아닌 필수이다.

내담자 중심의 접근법은 명백히 최면상담의 미래인 만큼, 21세기에 유능한 최면상담사로서 성장하고 발전하고자 하는 이들에게는 대단히 중요한 키워드 중 하나이며 저자의 최면 수업에서도 최면상담을 공부하는 이들에게 일정 깊이 이상 추가적으로 학습하고 체화하기를 필수적으로 권고하는 접근법이다.

내담자 중심 파츠 테라피나 내담자 중심 역행 테라피뿐만 아니라 울트라 뎁스® 프로세스 또한 일찍이 내담자 중심 접근법을 채택하고 있으며, 이것은 선구적인 최면가들의 커다란 흐름으로 발전하고 있다. 이렇게 깨어나는 최면사들이 늘어가는 것은 바람직한 일이다.

이제 국내에도 내담자 중심 접근법과 같은 고급 최면상담 체계들이 보급되었고 전문화된 최면상담사들이 하나둘 늘어가기 시작하고 있다.

그럼에도 불구하고 여전히 인식과 저변의 확대를 위해 넘어야 할 산들이 많지만 수년 전부터 개인적으로 국내에 뿌리고 있는 이 씨앗이 먼 훗날에 '뿌리 깊은 나무'로 자라게 될 것을 확신한다.

그래서 한국의 주류적인 최면상담사들이 내담자 중심의 구조화된 접근의 사용을 당연시하는 풍토가 자리 잡게 되는 날을 기다려본다.

내담자 중심 접근법과 파츠 테라피의 거장인 로이 헌터 선생은, 이따금 사람들이 자신의 책이나 일부 자료들을 읽고 파츠 테라피 전문가라 자칭하며 타인들에게 파츠 테라피를 가르치려 하는 경우들이 있는데, 그들이 신뢰할 수 있는 파츠 테라피 전문가인지 구분하고 싶다면 그들이 그 세부사항을 정확히 구사하는지 여부를 보기에 앞서 가장 먼저 '내담자 중심 접근법'을 제대로 인식하고 사용하는지를 눈여겨보라고 말하기도 했다.

만약 그가 내담자 중심의 접근법을 정확히 이해하고 있고 그것을 정확히 사용하고 있다면 실제로 인증된 파츠 테라피 전문가일 가능성이 높다고 말했다.

내담자 중심 접근은 마케팅을 위해 찍어내는 트렌드가 아닌 최면계의 성장과 성숙에 따른 시대적 흐름이다.

저자는 이러한 흐름이 21세기 최면상담의 발전에 주요한 맥이 될 것이며 내담자 중심 접근이야말로 최면상담을 지향하는 전문가들이 반드시 장착해야 하는 최면상담의 미래라는 것을 자신 있게 말하고 싶다.

종합하자면, 역행 테라피든 파츠 테라피든 최면을 사용한 심리상담이나 심리치료는 내담자가 에고의 고착에서 부분적으로 깨어나게 함으로써 건강한 에고가 될 수 있도록 지향하며, 병리적 문제를 포함한 다양한 크고 작은 내부 문제가 해결될 수 있도록 도울 수 있는 효과적인 접근법들이다.

이들이 개입에 의한 에고 파트의 고착을 해소하는 대표적인 최면적 접근법이었다면, 다음으로 섬냄뷸리즘 이하의 깊은 상태를 성취하는 것에 관한 이야기를 할 것이다.

비록 깊은 상태를 성취하는 것 자체가 구체적인 에고 파트에 대한 개입은 아니지만, 진정한 깊이를 성취하는 것은 그 자체로 에고의 고착을 유연하게 만드는 부가적인 효과를 만들 수 있기 때문이다.

섬냄뷸리즘과 망각에 대한 고찰

전작에서 저자는 섬냄뷸리즘이나 그것을 넘어선 별도의 상태에서 일어나는 신비한 초상 현상들에 대해 언급한 바 있다. 저자는 초능력 연구가가 아니며 일반 독자들에게 불필요한 오해를 줄 수 있기에 이것에 대한 기술을 가급적 최소화했었다.

그러나 최면가 스스로가 최면의 범위를 단지 얕은 최면에서 중간 최면까지로 제한하는 것이 아니라면, 그리고 보다 활발하게 깊은 섬냄뷸리즘 현상에 대해 경험할 기회들이 생긴다면 이것을 언급할 때 이런 초상 현상들을 결코 빼놓고 말하기는 어렵다.

'진정한(트루) 섬냄뷸리즘' 상태나 더 나아간 '깊은(프로파운드) 섬냄뷸리즘' 이하의 상태에서 이러한 초상 현상들은 어렵지 않게 관찰되는 현상들이기 때문이다.

혹시 저자가 섬냄뷸리즘 이하에서 일어나는 이런 일반적이지 않아 보이는 현상들을 언급한 이유를 단지 초능력이나 신비 능력 등에 관심을 가지라는 뜻으로 이해한 독자가 있다면, 그것은 저자가 말하고자 하는 본질을 크게 벗어난 것임을 말해두겠다.

이것은 섬냄뷸리즘 이하의 상태로 깊어질수록 우리의 내면에서 무슨 일이 일어나는지에 대한 그 통찰에 대한 작은 힌트에 불과한 것이다.

그리고 무엇보다 이것은 잠재의식의 활동성과 연관된다. 최면에서 섬냄뷸리즘을 다루는 것은 의식의 힘을 빼게 하는 대신 잠재의식에 보다 다가가는 작업이다. 그런 초상 현상이나 깊은 최면 현상들은 표면적인 의식이 주도적으로 만들어낼 수 있는 영역이 아니다.

따라서 그냥 가벼운 즐길 거리로 최면을 활용하는 것이 아닌, 깊이에 대한 진지함을 추구하는 최면가라면 잠재의식과 진정한(트루) 섬내뷸리즘 상태의 관계와 작용에 대한 이해는 꼭 필요한 것이라 강조하고 싶다.

데이브 엘먼 선생은 섬냄뷸리즘의 중요성을 강조했고 또한 섬냄뷸리즘을 말할 때 '망각' 또는 '건망'이라고 불리는 최면 현상을 매우 중요하게 여겼다. 오늘날, 특히 엘먼식의 접근법을 따르는 최면사라면 최면에서 섬냄뷸리즘의 중요성과 망각 현상을 일으키는 것의 가치에 대해 대부분 동의할 것이다.

저자가 그동안 다양한 최면사들을 만나면서 느낀 점 중 하나는 의외로 많은 최면사들이 그들의 경력이나 의견과는 무관하게 최면적 섬냄뷸리즘과 망각 현상에 대해 인식하지 않거나 소홀하게 여기는 경우들이 많더라는 점이었다.

물론 소속된 단체의 커리큘럼이 섬냄뷸리즘을 강조하지 않아 그것에 대해 접하거나 연구할 기회가 부족한 경우는 있을 수 있다. 그렇지만 엘먼식 접근법을 주 접근법으로 사용한다고 주장하는 최면사들의 경우에서조차 종종 그런 모습이 목격되는 부분에선 의아함을 감출 수 없었다.

최면계에서는 섬냄뷸리즘 이상의 깊은 상태는 행동적 변화에 필요치 않다는 주장도 있고, 그 상태에 대한 접근성과 편의성을 이유로 그 필요성과 가치를 평가 절하시키는 주장들도 있다.

그러나 이것은 덧셈, 뺄셈만 아는 사람이 고차원의 방정식이나 복잡 연산의 혜택을 자신에게 어렵고 모른다는 이유로 무시하는 것과 다르지 않다.

오늘날, 적어도 상담이나 치유적인 개입을 목적으로 할 때 내담자가 최면적 섬냄뷸리즘(몽유) 상태를 성취하게 하는 것이 필수적인 것은 분명 아니다.

어느 정도 얕은 상태와 중간 상태 심지어 각성 상태에서조차 정도의 차이가 있을 뿐 누구나 암시의 혜택은 받을 수 있기 때문에, 밀턴 에릭슨 선생이 가벼운 상태에서 해냈던 것과 같은 훌륭한 작업 또한 가능하며 적절한 개입이 이루어진다면 그 자체로도 충분히 치료적, 상담적 가치를 지닌다.

전작에서 설명했듯이 최면적 섬냄불리즘은 최면적으로 만들어진 몽유 현상이다. 이것은 일반적으로 깊은 최면적 상태를 뜻한다.

데이브 엘먼 선생은 "섬냄불리즘 깊이만이 진정한 최면 효과를 일으킨다"라고 말한 바 있다. 여기에서 '진정한 최면 효과'라는 표현에 유의하자.

그의 말처럼 섬냄불리즘 상태에서의 암시감응성은 가벼운 상태에서 주어지는 암시와는 차원이 다른 것은 자명한 사실이다. 그의 말대로라면 얕은 최면과 중간 최면은 단지 섬냄불리즘으로 가는 과정일 뿐인 것이다.

실제로 그가 분류했던 트랜스 깊이 척도에서는 얕은 트랜스와 섬냄불리즘만이 있을 뿐, 중간 상태라는 분류 자체가 없다. 이는 그만큼 섬냄불리즘 모드(mode)로 진입한 피험자와 이하 상태의 모드 간에 분명한 격차가 존재하기 때문이다.

전작에서 소개한 데이브 엘먼 선생의 3분 루틴이라는 최면 유도법은 내담자를 짧은 시간 내에 이런 최면적 몽유 상태에 진입하도록 안내하기 위해 고안된 것이다.

그런데 일부 최면사들이 이 3분 루틴 기법을 기계적으로만 적용하고서 피험자가 진정한 섬냄뷸리즘을 달성했다고 믿는 경향들이 있다. 이 3분 루틴 기법에는 '숫자 망각'이라고 부르는 잠입된 형식의 테스트가 포함되기 때문에 그 절차가 끝났을 때 최면사는 내담자가 당연히 섬냄뷸리즘에 도달했을 것이라 가정하는 것이다.

그러나 테스트에 통과했다는 주장과는 달리, 실제로 내담자가 명백한 최면적 몽유 반응들을 보여주지 않는 경우들이 많았기에, 이것에 대해 오래전 저자가 속해 있던 해외의 최면전문가들로 구성된 온라인 커뮤니티에서는 이 상태가 섬냄뷸리즘인가 아닌가, 나아가 망각이 가능한 깊이가 필수적인 깊이인가 아닌가 등의 주제에 대한 열띤 토론이 벌어지기도 했다.

전작에서 저자는 각기 다른 척도들의 분류 기준점의 차이 때문에 이 동일한 상태를 '섬냄뷸리즘의 경계' 또는 '중간 최면'에 포함시키기도 한다는 것에 대해 언급했다. 그러나 그러한 분류 기준점의 차이가 존재하더라도 엘먼 선생의 의도대로 이것이 정확히 진행되었다면, 3분 루틴이 끝난 시점은 최소한 피험자가 '섬냄뷸리즘의 입구'에 도달했어야 한다.

실제로 데이브 엘먼 선생이 녹음본으로 남겼던 육성 강의를 들어보면, 그가 3분 루틴으로 유도한 피험자들은 하나같이 충분한 섬냄뷸리즘의 징후들을 보여주고 있었다. 심지어 어떤 내담자는 더욱 깊고 안정적인 섬냄뷸리즘을 보여주기도 했다.

그러나 오늘날 저자가 보았던 많은 해외 최면사들의 동일한 시연에서는 '시작점'의 징후조차 찾기 어려운 경우들이 많았다. 오늘날 관찰되는 많은 사람들의 3분 루틴의 결과와 엘먼 선생이 보여주었던 그것은 한눈에도 확연히 달라 보인다.

혹자는 이것이 최면적 실어증(aphasia; 어패이지아)을 구분하지 못하는 일부 최면사들에게 나타나는 일이라 말할지도 모른다.

그럼 최면적 실어증이란 과연 무엇일까? 데이브 엘먼 선생은 그의 수업에서 '숫자 망각 테스트'를 행하면서 인위적인/인공적인 가짜 반응을 주의하라고 가르쳤다. 그럼 이 '가짜 반응' 또는 '인위적 반응'이란 것은 또 무엇을 의미할까?

예를 들어 3분 루틴의 절차 중에 포함된 숫자 망각 기법의 경우, 엘먼 선생은 숫자를 100부터 거꾸로 세어내려가는 기법을 사용했는데(참고로 현재 저자가 사용하는 방식은 몇몇 이유로 이것의 개량형을 사용하고 있다.) 숫자 사이에 의식을 이완하며 숫자를 망각하게 하는 것이었다. 그런데 이 과정에서 피험자가 실제로는 망각이 일어나지 않았지만 망각을 했다고 표현하는 것이다.

최면적 실어증은 단지 너무 이완되어 말을 하기 싫어서 말을 하지 않는 가짜 망각 상태의 하나이며, 이 경우 실제로 깊은 최면적 반응은 얻을 수 없다. 이것은 두 가지 종류의 반응으로 나타나며, 자칫 이를 트루 섬냄뷸리즘으로 오인하기 쉽지만 이 둘은 완전히 다른 수준의 최면적 반응을 보여준다.

엘먼 선생은 이러한 가짜 망각 반응을 구별할 수 있어야 한다고 했고, 최면적 실어증을 트루 섬냄뷸리즘으로 전환시키는 효과적인 방법의 하나로 심화에 종종 사용되는 '팔 떨어뜨리기'라는 기법을 강조했다. 물론 다른 기법들을 제쳐놓고 실어증에 우선적으로 이 기법을 적용하라고 하는 데는 나름의 분명한 이유가 있었다.

저자는 개인적으로 몇몇 해외의 최면사들이 (고의성 여부는 확인할 수 없지만) 그들의 강의에서 깊이 테스트가 아닌 기법을 '섬냄뷸리즘 테스트'로 간주하고 사용하도록 가르치는 것을 본 적이 있다.

섬냄뷸리즘 테스트를 통과했는데 섬냄뷸리즘 반응이 일어나지 않는다니… 뭔가 재미있지 않은가? 적어도 이 주제는 당시 저자의 호기심을 끌기에 충분했다. 여기서 몇 가지 실제 사례들을 들어보겠다.

한 최면사가 엘먼식 3분 루틴을 멋지게 행하고서 갑자기 앞에 있는 내담자에게 존재하지 않는 것을 존재한다고 암시해 시각적인 플러스 환각을 일으키는 암시를 주었다. (플러스 환각은 존재하지 않는 것을 암시에 의해 환각으로 인식하게 되는 최면 반응이다.)

눈을 뜬 내담자는 눈앞에 실제로 존재하지 않는 것에 대해 묘사한다. 그 말을 듣고 유도자 스스로도 자신의 피험자가 정상적으로 깊은 최면을 성취했다고 생각한다.

여기까지 누군가가 옆에서 지켜본다면 대부분 해당 피험자가 트루 섬냄뷸리즘 반응을 보였다고 생각할 것이다. 그러나 옆에서 그 과정을 면밀히 지켜본 전문가는 그것을 다르게 판단한다. 사실 해당 피험자는 섬냄뷸리즘 테스트에 통과하지 못했고, 심지어 환각 테스트 또한 실패했다.

그 피험자는 실제로 환각을 만들어냈던 것이 아니라, 단지 관념을 '심상화'했을 뿐이었던 것이다. 이미 유도 과정에서 섬냄뷸리즘을 검증하는 과정이 잘못되었고, 환각 암시를 주는 방식 또한 문제가 있었다.

섬냄뷸리즘에서 경험하는 암시에 의한 환각 반응은 피험자의 뇌에서 실제로 해당 이미지를 확립하고 마치 현실처럼 그것을 체험하는 것이다. 그것을 경험하고 있는 피험자는 유도자가 자신에게 보이는 것을 묘사해달라는 요청이 매우 이상하게 느껴질 수 있다.

그러나 눈을 뜨건 감건, 마음속에 관념적인 이미지를 떠올리는 것은 이것과는 큰 차이가 있는 것이다.

또 다른 사례는 저자가 유럽의 모 지역에서 보았던 사례이다.

한 유도자가 피험자를 매우 급속으로 유도하는 방법을 사용하고 있었다. 그리고 몇 초 내에 피험자의 눈을 뜬 상태를 유지하며 피험자를 과거로 역행시키는 기법을 사용했다. 실제로 피험자는 눈을 뜬 채로 어린 시절의 사건들을 묘사하기 시작했다.

그 유도자는 해당 내담자가 몇 초 만에 깊은 섬냄뷸리즘에 들었으며, 이것이 짧은 시간에 깊은 섬냄뷸리즘에서 눈을 뜨고 행하는 역행 기법이라고 말했다.

그 자리에 있던 많은 학생들이 그 모습에 감탄했지만, 그 과정과 반응을 옆에서 관찰한 저자는 이내 그것이 깊은 섬냄불리즘을 성취한 것이 아니며 회상에 가까운 비교적 가벼운 등급의 반응임을 알아차렸다.

깊은 섬냄불리즘인 피험자가 경험과 시간 프레임을 되돌려 뇌에서 역행된 환각을 체험하는 경험과 단순 심상을 떠올리는 등급은 완전히 다른 것임을 경험을 통해 알고 있었기 때문이다.

그가 보여준 것은 단지 가벼운 최면 상태에서 눈을 감고 행하는 퍼포먼스와 실질적으로 크게 다르지 않았던 것이다. 당시 해당 교육에 참여한 사람들은 대부분 나름의 경력들을 가진 최면 전문가들이었다. 최면교육을 수료한 참가자들조차 이런 것에 쉽게 속을 수 있는데, 하물며 최면에 대해 모르는 일반인들이나 아마추어들이 속는 상황들은 얼마나 많겠는가.

여기서 한 가지 추가적인 언급을 하자면 때때로 최면 유도 과정 중 피험자들이 잠자는 것처럼 더 이상 최면사의 말에 반응을 보이지 않는 경우들을 들어 이것을 해당 피험자가 너무 깊은 상태로 들어간 것이라고 말하는 경우가 있다.

심지어 한술 더 떠서 이러한 상태를 피험자가 불수의적으로 에스데일 이하의 상태에 들어갔기 때문이라고 판단하는 경우도 있다.

그러나 트루 에스데일 상태를 많이 다룰 수밖에 없는 UD 전문가의 시각에서 분명히 말한다면, 대부분의 경우(90% 이상) 이런 식으로 유발된 상태가 자발적인 에스데일 상태인 경우는 거의 없다.

오히려 이것은 깊은 상태의 시작점에도 접근하지 못했음을 의미하는 것이다. 최면이 깊어진다는 것은 암시에 대한 반응성이 증가한다는 것을 뜻하며, 앞의 이러한 상태는 최면사들이 원하는 상태가 아니다.

앞서 말한 최면적 실어증 상태를 제외하고도, 많은 최면사들이 3분 루틴을 성공적으로 마무리했다고 말하는 장면에서 해당 징후들을 찾기 어려운 경우들은 흔하다. 즉, 그들이 피험자가 섬냄뷸리즘에 도달했다고 믿지만 그들의 믿음과는 달리 실제로는 인위적인 반응이 유발되는 것이다.

그렇다면 왜 이런 일이 벌어지는 것일까?

첫 번째 이유는 트루 섬냄뷸리즘 이하의 깊이에 대한 학습이나 경험이 제한적이기 때문에 섬냄뷸리즘 내에서의 세부적 징후들에 대해 인지하지 못한 경우일 수 있다.

실제 안정적인 트루 섬냄뷸리즘이나 깊은 섬냄뷸리즘 반응을 눈앞에서 한 번이라도 제대로 목격하거나 경험했다면, 피험자가 암시에 반응하는 수준이 중간최면 이하의 깊이들과 얼마나 확연한 차이를 보여주는지 잘 알고 있을 것이다.

두 번째 이유는 많은 사람들이 데이브 엘먼 선생의 접근법 자체를 깊이 이해하려 하지 않고 단지 강의나 워크샵에서 특정 강사가 가르치는 일명 '데이브 엘먼 인덕션'(3분 루틴)만을 배우려 하기 때문이다.

이것은 실제 기전이 아닌 외부적인 절차에만 집중하게 만들어 많은 부분을 놓치게 만든다. 이 부분은 엘먼 선생의 접근법을 추종하는 오늘날의 엘먼 메서드(엘먼식 접근)를 공부하는 최면가들이 앞으로 해결하고 넘어가야 하는 과제 중 하나일 것이다.

참고로 저자가 속해 있는 ABH(American Board of Hypnotherapy; 미국 최면치료협회)의 수장인 테드 제임스 박사에게는 오래전부터 해온 그의 시그니처 강의 중 하나인 '깊은 트랜스 현상'이라는 제목의 단축 최면 강의가 있었다.

그는 해당 강의에서 깊은 트랜스 현상을 보여주기 위해 가장 쉽고 빠른 엘먼식의 접근을 사용하지 않고 에스터브룩 방식의 접근법을 사용해왔다. 그는 엘먼의 접근을 먼저 익혔지만 빠른 엘먼식 접근을 사용해 얻어지는 결과에 만족하지 못해 에스터브룩식 접근법을 익혔다고 말했다. 왜냐하면 일반적인 엘먼식 3분 루틴의 목표는 '섬냄불리즘의 입구' 단계일 뿐이기 때문이다. (물론 엘먼 그 자신은 그 시대에 종종 자신의 기법으로 그 이상의 상태들을 보여주었다.)

부분적인 망각은 단지 섬냄불리즘의 임계점일 뿐이다. 데이브 엘먼 선생의 강조점은 단지 이 임계점에 머무는 것만이 아니었다.

데이브 엘먼 선생은 섬냄불리즘의 중요성을 언급했고 특히 '망각' 반응을 성취하는 것의 중요성을 강조했었다. 섬냄불리즘 상태는 굳이 망각 반응을 성취하지 않고도 도달할 수 있는 다양한 방법이 있다. 그런데 왜 그는 굳이 섬냄뷸리즘을 성취하는 데 있어 '망각'이라는 반응을 이렇게 강조했을까?

물론 엘먼 그 자신은, 당시에 망각 상태를 성취하는 것이 내담자가 섬냄뷸리즘을 넘어선 이후에 어떤 역할을 하게 될지 예상하지 못했을 것이다.

그러나 훗날 제임스 라메이 선생은 UD 프로세스를 발전시키는 과정에서 이것의 더욱 큰 의미와 중요성에 대해 재발견하게 되었고, 결국 엘먼 선생의 2세대 최면 패러다임은 그것을 더욱 정교한 형태로 발전시키게 만들고 새로운 패러다임이 등장하게 하는 초석을 제공한 셈이다.

제임스 라메이 선생은 엘먼 선생의 그것에서 나아간 많은 발견들을 했는데, 주목할 만한 발견 중 하나는 동일해 보이는 섬냄뷸리즘 간의 질적인 차이에 관한 것이었다.

예를 들어 망각을 통해 성취한 섬냄뷸리즘과 환각을 통해 성취한 섬냄뷸리즘의 질적인 차이 같은 것이 그들 중 하나이다. 심지어 단지 마취 암시를 통해 섬냄뷸리즘을 얻는 것 역시 망각을 통해 얻어지는 그것과 다를 수 있다.

암시의 반복으로 마취 반응을 성취하는 것, 부분 망각만을 성취하고 마취를 성취하는 것, 완전한 망각을 성취하는 것 사이에는 크고 의미 있는 차이들이 존재한다. 뿐만 아니라 불수의적으로 체험한 깊이와 안정적이며 절차적으로 성취한 깊이 또한 미묘한 차이가 있다.

대부분 일반적인 최면사들은 이러한 정보의 가치를 중요하게 여기지 않을지도 모른다. 그러나 이는 최면계에서도 매우 소수의 깊은 최면을 연구하는 집단에서 공유하는 중요한 정보 중 하나이기도 하며, 그것이 바로 엘먼 선생이 망각을 중요시하게 여긴 이유 중 하나이기도 하다.

그리고 그러한 망각 내에서도 세부적인 등급들이 존재한다. 이러한 섬냄뷸리즘 깊이에 대한 지식과 훈련 없이 최면 마취를 이해하려 하는 것은 매우 염려스러운 것이다. (다행스럽게도 대부분의 일반 최면사에게 의료적 목적을 위해 최면 마취를 유도해야 하는 실제 상황은 거의 없다.)

망각을 성취하는 것은 UD 프로세스에서도 매우 핵심적인 사항이다. 또한 UD 프로세스에서의 중요점은 부분적인 망각 역시 매우 불충분한 상태라는 것이며, 더욱 깊은 섬냄뷸리즘이 필수적인 상태이다.

따라서 이것을 성취하고 깊이를 확장시키는 별도의 구체적인 절차들이 요구되며, 상태 간의 상관관계에 대한 이해와 실제 상황에서 그 세부적인 등급의 구분을 정확히 해내는 것은 중요하다.

무엇보다 그 이면에서 이것이 의식에 어떻게 작동하며 의식 내에서 어떤 일이 벌어지는지 그 원리와 의미를 종합적으로 이해하는 것은 특히 UD 프로세스에서 가장 중요한 요소이다.

자연스레 이것은 우리의 에고 시스템이 어떻게 작동되는지, 잠재의식과 에고가 어떻게 연관되는지에 대한 측면과 깊이 연관될 수밖에 없는 것이다. 이것은 결국 최면을 넘어서 인간의 의식, 바로 자기 자신의 존재에 대한 탐구로 연결되며 확장된다. 그리고 그 과정에서 이러한 최면이라는 도구에 대한 가치와 이해는 더욱 깊어지게 되는 것이다.

이것은 반세기 이상 울트라 뎁스® 프로세스를 발전시키던 집단 내에서 부딪히고 넘어지는 뼈아픈 과정들을 거치면서 경험적으로 정리되어왔다.

전작에서 언급했던 것처럼 저자가 과거에 직접 접했던, 에스데일 이하의 상태들을 주장하며 모조 상태를 보여주는 일부의 사람들은 돈을 좇기 위해 이런 의식에 대한 통찰과 깊이를 갖추지 않고 단지 이것을 기계적으로 흉내 내려 하는 사람들이었다.

그들이 했던 깊이에 대한 검증은 정확한 테스트가 아닌 '가정'에 기반을 둔 것이었고, 설사 그것을 행하는 것처럼 보이더라도 그 테스트가 종종 제 역할을 제대로 할 수 없거나 불완전한 것이었다. 그것은 결코 에스데일 이하의 더 깊은 상태로 갈 수 없는 상태였다. 그러니 그 상태에서 유도자가 에스데일 상태로 가는 스크립트를 아무리 읽어주더라도 진정한 상태를 얻기는 거의 불가능했던 것이다.

그러나 이런 일부의 좋지 않은 의도를 지닌 사람들을 제외하고, 실제로 대개의 순수한 목적의 사람들 사이에서 일어나는 유사한 일들은 단지 깊이나 의식과 섬냄불리즘, 잠재의식의 관계에 대한 이해 부족에서 생기는 일들일 뿐이라 믿고 싶다.

여전히 가끔 반복되는 이런 안타까운 사례들이 의도적인 행위가 아닌, 그저 이해 부족에서 일어나는 해프닝 정도일 뿐이기를 바라는 마음이다.

섬냄뷸리즘과 역행

먼저 르크론을 비롯한 많은 공식적인 척도들에서는 연령역행이 가능한 수준을 깊은 섬냄뷸리즘 레벨로 보고 있다는 점을 다시 한번 언급한다.

실제로 역행에서 깊이가 중요치 않다는 주장이 있다. 내담자를 상대하는 직업적인 상담사의 입장에서 역행의 치료적인 가치를 따질 때 반드시 섬냄뷸리즘 깊이의 역행이 필수적인 것은 아니라는 주장에 대해 부분적으로 동의한다.

그렇지만 가벼운 중간 상태에서 일어나는 역행의 등급과 깊은 섬냄뷸리즘에서 일어나는 역행의 등급, 그 사이의 질과 정보의 수준, 그 신뢰도 사이에는 분명히 큰 차이가 생길 수 있다.

의식의 표면적인 파트가 표현하는 것과 기저의 파트가 표현하는 것이 같을 수 없으리라는 점은 파트들을 다루는 최면가라면 당연히 예측 가능한 일일 것이다.

나아가 섬냄뷸리즘에서 우리의 내면이 어떠한 상태에 놓이는지 그 내면의 지각변동에 대해 이해한다면, 역행(전생을 비롯)의 질적인 차이가 생기는 이유에 대해 더욱 통찰할 수 있을 것이다.

1956년, 최면가 모리 번스타인이라는 사람이 쓴 『브라이디 머피를 찾아서(The Search for Bridey Murphy)』라는 제목의 책이 출판되었다. 이 책에는 버지니아 타이그라는 이름의 한 여성의 역행 최면에 관한 이야기가 실려 있다.

미국 콜로라도주에 거주하던 평범한 젊은 여성 버지니아는 극심한 우울증에 시달리고 있었고 당시에 할 수 있는 여러 가지 의료적인 치료들을 받았지만 별다른 도움을 얻지 못했다. 그러던 중 모리 번스타인이라는 최면사를 만나 이것에 도움을 받을 수 있는 최면상담을 받기로 결정한다.

모리 번스타인은 최면분석을 통한 우울과 연관된 근원적인 감정 해소를 위해 연령역행을 사용한 리그레션 테라피를 적용하기로 결정했다. 모리 번스타인에 의해 깊은 최면에 들어간 버지니아는 마음에서 그녀의 어린 시절로 거슬러 올라가기 시작했다.

그런데 역행된 그녀는 자신이 버지니아가 아닌, 1798년에 태어난 아일랜드 코크 지역에 사는 브라이디 머피라는 이름의 여성이라고 주장했다. 최면 상태의 그녀는 아일랜드 억양을 사용하며 아일랜드 노래를 불렀고, 부모님의 이름은 덩컨 머피와 캐서린, 남편은 변호사 출신의 숀 브라이언 매카시라고 말했다.

그리고 자신이 사는 집의 풍경과 주변의 건물, 매일 기도하러 가던 성당, 자주 다니던 해안가 절벽 위의 고성 등 브라이디 머피라는 여성과 관련된 여러 가지 세부적인 사항들을 상세히 묘사했다. 게다가 유년기는 물론 그녀가 1864년 사망한 사건에 대해서도 묘사했다.

당시 이 과정은 여러 차례의 회기에 걸쳐 진행되었고 그 세션 기록들 또한 녹음본으로 남겨졌다.

그러나 버지니아는 최면에서 돌아 나온 뒤, 자신이 무엇을 경험했고 무슨 말을 했는지 아무것도 기억하지 못했다. 그리고 자신은 브라이디 머피라는 사람을 모르며 심지어 아일랜드에는 가본 적도 없다고 말했다.

홍미를 느낀 모리 번스타인은 아일랜드로 가서 브라이디 머피라는 사람이 실존했는지 조사했고 그 결과 버지니아가 최면 상태에서 말했던 1798년에 태어나 1864년에 사망한 브라이디 머피의 기록을 찾아낸다.

뿐만 아니라 버지니아가 말한 브라이디 머피의 두 사람의 부모 이름과 남편의 이름 등 가족에 대한 언급까지도 확인했다. 또한 그녀가 묘사한 해안가 절벽 위의 고성이나 성당 등의 장소들과 집의 풍경에 대한 구체적인 묘사들까지 일치했음에 놀라지 않을 수 없었다.

모리 번스타인은 이것이 버지니아가 최면을 통해 브라이디 머피로 살았던 자신의 전생으로 역행한 것이라고 생각했고 이런 기록들을 담아 책으로 출간했다. 이 책은 최면을 통해 전생 역행을 한 최초의 사례로 큰 화제를 모았고, 지금까지도 해당 주제에 관심 있는 최면사들 사이에서 회자되고 있는 사례이기도 하다.

그렇지만 일부 회의주의자들 사이에서는 이런 기록과 묘사의 오류 등 다른 가능성을 언급하며 이것을 비판하기도 한다.

그러나 이런 주제는 매우 홍미로운 주제이며, 이후에도 비슷한 내용의 책들이 여러 최면사들에 의해 출판되었고 이러한 '전생 최면'을 전문적으로 행한다는 많은 최면사들이 생겨나기 시작했다.

그리고 오늘날에는 이런 전생역행을 아주 손쉬운 기술로 여기며 자신을 전생 최면 전문가로 지칭하는 사람들 역시 많은 수로 늘어났다. 그리고 최면 전생 역행의 가치를 말하며 브라이디 머피의 사례를 자신들의 작업과 동급 또는 연속선상에 놓고 그것을 언급하기도 한다.

그러나 애석하게도 이것에 대해 깊이 있고 진지하게 연구하는 일부의 최면가들을 제외하고는, 대개 많은 '전생 최면사'들이 최면의 가벼운 상태나 중간 상태에서 이런 작업들을 시도하고 있다. 심지어 많은 경우에 부적절한 리딩을 남발하여 내담자의 경험에 영향을 주거나 작화를 유도하기도 한다. (부적절한 리딩에 대해서는 이미 전작에서 비중 있게 언급했었다.)

그리고 심지어 기본적인 연령역행 테라피에 대해 지식이 없는 상태에서 이런 접근들을 배우고 행하다 보니 자신이 어떤 부적절한 리딩을 남발하는지조차 인식하지 못하고 있는 경우들도 흔하다.

이러한 최면가들이 행하는 작업은 앞서 언급했던 버지니아의 사례와는 명백히 다른 점이 있다. 우선적으로 언급해야 할 부분은 그들이 행하는 역행의 '등급' 자체가 버지니아의 사례와는 완전히 다르다는 사실이다.

간접적인 징후이긴 하지만, 해당 기록에는 버지니아가 보여주는 상당한 수준의 섬냄불리즘 이상의 몇몇 징후들을 명백히 드러내고 있었다.

이것은 일부의 전생 최면사들이 그럴듯하게 보여주는 중간최면이나 섬냄불리즘의 초입에서 진행하는 그것과는 등급 자체가 다른 경험을 보여줄 수 있으며 표면의식과 무의식으로부터 나오는 기대감과 신념 정보들의 간섭을 상당 부분 덜 받을 확률이 높은 상태이다.

현대의 많은 최면가들이 역행이라는 이름으로 간단히 보여주는 역행들은(전생 역행 포함) 대부분 르크론 척도를 포함한 대표적인 몇몇 최면 척도들에서 등장하는 수준의 역행의 등급이 아니라는 사실에 유의해야 할 것이다. (참고로 최면의 가장 깊은 현상들을 연구하는 울트라 뎁스® 프로세스에서는 그런 가벼운 등급의 회상은 '역행'이라는 이름으로 부르지 않는다.) 또한 완전하게 그때로 돌아가서 재경험을 행하는 깊은 수준의 역행은 그렇게 누구나 손쉽게 만들어지는 상태는 아니다.

관념역동 반응과 그 활용

최면에서 많이 활용되는 기술들 중 관념역동(이데오 다이나믹; Ideo dynamic) 반응이란 것이 있다.

최면을 처음 접하는 독자들을 위해 이것에 대해 간단히 설명하자면 이것은 외부 또는 내부적으로 감지되는 자극에 대한 반응으로, 최면을 받는 피험자가 무의식 수준에서 생성하는 자동화된 반응 또는 조건화된 반응이라 할 수 있다.

트랜스에 든 동안 경험하는 다른 현상과는 달리, 관념역동반응은 누군가가 무엇을 하는지에 무관하게 일어나는 반응이다. 인간의 몸에 무의식적으로 일어나는 신체 움직임이나 느낌, 감각 등의 반응들을 누군가가 일어나지 못하게 할 수는 없을 것이다.

범죄 수사 등에서 사용하는 거짓말 탐지기 같은 장비들 역시 질문받는 사람의 특정 질문에 대한 자율신경계와 심박 수, 호흡, 혈압, 피부 온도 등에서 일어나는 미묘한 반응에 기반을 두고 있다. 이것 또한 관념역동반응의 발현이다.

최면에서 최면사가 암시하는 느낌이나 움직임, 감각에 대한 피험자의 반응은 드러나는 해리(dissociation)의 등급이 커질수록 향상될 것이다.

따라서 최면에서 일반적으로 자동서기나 손가락 신호 같은 기법들을 시도하기 전에 해리를 촉진하는 것은 우선적인 절차로 간주된다.

인간이 할 수 있는 자동적인 기능들은 3가지 다른 수준에서 존재하는데, 그것은 바로 운동 영역과 감각 영역, 정서 영역이다. 그리고 이들을 각각 관념운동(이데오 모터; Ideomotor), 관념감각(이데오 센서리; Ideosensory), 관념정동(이데오 에펙티브; Ideoaffective) 반응이라 부른다. 앞서 언급한 관념역동반응은 결국 이 3가지 개별적인 항목들을 총체적으로 아우르는 용어이다.

많은 최면사들이 이것과 관련한 개념과 기술들을 최면의 유도 절차를 포함한 내담자의 변화를 위한 다양한 개입 전략에서 활용하고 있는데, 그 대표적인 기술 중 하나가 관념운동반응의 활용이다.

이 관념운동반응은 최면 기법적인 측면과 소통적인 측면의 두 가지 측면으로 분류된다.

관념운동반응은 최면 유도 과정에 접목되는 기술로 사용되거나 개입적인 기술로서 직접암시 기법이나 최면분석, 파츠 테라피 등의 접근에 접목한 개입 작업 등 다양한 형태로 활용된다.

비록 밀턴 에릭슨 박사가 초기에 관념운동 신호를 발전시킨 사람 중 하나로 인정되지만, 그는 이것을 최면 유도와 심화 과정 그리고 트랜스 검토 기술로서 표면적이고 제한적으로만 활용했었다.

칙과 르크론, 해먼드 박사 등 몇몇 선구적인 최면사들의 노력과 기여로 이 기법은 오늘날 다양한 개입 전략과 접목하여 폭넓고 효과적으로 사용되고 있다.

특히 최면상담이나 치료적인 개입의 대표적 도구라 할 수 있는 내담자 중심 역행 테라피와 내담자 중심 파츠 테라피 등의 분야에서는 관념운동에 의한 손가락 반응을 필수적이고 비중 있는 도구로서 채택하고 있다.

관념운동 반응과 펜듈럼

소통 측면의 관념운동반응은 '끈끈이 기법', 'ABCD 기법' 등 재미있는 이름을 가진 변형 기법들을 포함하여 다양한 형태로 활용되는데, 가장 대중들에게 많이 알려져 있는 형태가 바로 슈브릴의 펜듈럼이다. 이는 1812년, 이 현상의 진짜 본질을 처음 알아차린 슈브릴(Chevreul)의 이름을 따서 붙여진 이름이다.

아마도 독자들이 이 펜듈럼을 최면 이외의 다른 몇몇 분야들에서 활용하는 장면을 보았을 수도 있다. 그만큼 펜듈럼은 최면뿐 아니라 폭넓은 분야에서 활용되고 있다.

슈브렐의 펜듈럼은 일반적으로, 추로 사용될 수 있는 펜던트에 줄을
연결한 형태인데 동전이나 기타 추로 사용될 수 있는 무엇이건 펜던트
의 대체품으로 사용될 수 있다. 이것을 우리의 깊은 마음과 대화하는 도
구로 삼는 것이다.

무의식 또는 잠재의식은 우리의 모든 생리적, 기능적인 측면에서 강
력한 영향을 미치고 있으며 이러한 잠재력과 소통하여 치유적 효과를
가져오고자 하는 것이다. 대중들에게 많이 알려져 있는 L로드 등의 도
구 또한 이러한 관념운동반응의 일환이다.

최면에서 펜듈럼의 활용은 내담자가 아직 깊은 최면 현상을 보이지
않거나 문제에 대해 다루고 싶지만 그 이면의 원인을 처리할 준비가 되

어 있지 않을 때 내담자의 내면과의 소통을 위한 유용한 도구가 될 수 있다. 내담자 스스로도 그 문제의 정신적 근원을 모를 수 있기 때문이다.

밀턴 에릭슨 박사는 겉으로 드러나는 현존하는 문제만 없애는 데 집중하지 않고 자신의 내담자의 무의식 속에 깔려 있는 걱정거리를 다루는 것에도 집중했었다. 그렇지 않으면 그 문제는 쉽게 재발할 수 있기 때문이었다.

내담자가 펜듈럼을 사용하는 데 편안함을 느끼고 이 과정을 더욱 성공적으로 만들기 위해 에릭슨식의 애매모호한 터치 유도법을 활용하여 팔 카탈렙시(경직) 현상을 사용할 수도 있다. (기법의 세부 내용은 에릭슨과 로씨의 책,『Experiencing Hypnosis』를 참고 바란다.)

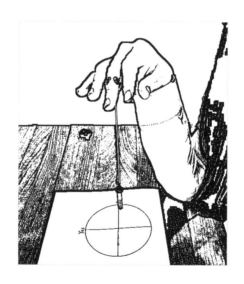

이것의 형식은 간단하다. 몇몇 변형된 방식들이 있지만 가장 일반적

인 방식은 추를 늘어뜨린 채 팔꿈치를 고정한 다음 한 손으로 추를 잡는 방식이다.

가장 이상적인 펜듈럼의 형태는 잡을 필요가 없이 손가락에 걸 수 있는 고리 형태이다. 둥글게 회전하는 반응이나 좌우 또는 위아래로 수평으로 흔들리는 반응을 사용할 수 있다.

먼저 피험자의 무의식 또는 잠재의식이 기억할 수 있도록 몇 가지 움직임 패턴을 경험하게 한 다음, 질문을 통해 펜듈럼이 자유롭게 반응하게 유도해 "예", "아니오", "아직 의식적으로 알 준비가 안 되었습니다" 등의 대답이 나오는 반응을 확정한다. 이 과정에서 펜듈럼 차트가 보조로 사용될 수 있다.

그런 다음, 그 소통 채널이 제대로 확보되었는지 기본 세팅 질문을 통해 확인하게 되면 준비가 끝난다. 이후 최면가는 피험자의 무의식이나 잠재의식과 펜듈럼 반응을 통해 질문과 답으로 소통하게 된다. (기본적인 세팅 절차의 예제는 뒤에 별도의 지면에서 소개할 것이다.)

'이데오모터반응'이라고도 불리는 이러한 관념운동반응은 몸과 마음 간의 래포의 한 측면과 관계있으므로 연습과 훈련을 통해 개선될 수 있다. 저자가 속해 있는 단체 중 하나인 ABH의 테드 제임스 박사는 펜듈럼을 바이오피드백(biofeedback) 도구라고 말하기도 했다. 이것은 의식과 무의식의 통합적 과정을 통해 작동하기에, 이 과정에서 의식이 펜듈럼의 신호를 보는 것은 중요할 수 있다.

만약 의식의 간섭을 걱정하는 내담자라면 얼굴과 펜듈럼의 사이를 종이로 가리고 진행하기도 하지만, 그것이 반응하는 순간 그 종이를 치움으로써 내담자가 그것을 보게 되고 바이오피드백의 성질을 유지하게 할 수도 있다.

그는 이 펜듈럼을 깊은 최면에 들지 않고서도 피험자의 무의식과 소통할 수 있는 좋은 도구라고 말했다.

그는 펜듈럼이 없이도 혼자 할 수 있는 이것의 몇몇 변형 기법(이데오모터타입)들을 학교에 다니는 어린이들에게 알려준 사례들에 대해 말했다. 그리고 실제로 아이들이 시험에서 이를 활용해서 성적이 오르는 사례들을 경험했다고 한다.

예를 들어 사지선다 문항이고 답을 확신할 수 없어 애매한 경우, 각 번호에 대해 자신의 깊은 내면에게 질문하고 반응이 나오는 답을 적는 것이다. (물론 다른 형식의 변형 기법이므로 펜듈럼을 꺼낼 필요는 없다.)

혹자는 이렇게 하는 것이 커닝이나 부정행위에 해당하지는 않을까 걱정할지도 모른다. 테드 제임스 박사의 대답은 단호히 여기에 커닝의 여지는 없다고 말한다.

모든 학습과 행동, 변화는 무의식 차원에서 이루어진다. 그리고 그 학생이 이전에 무엇을 학습했는지는 우리가 알 수 없다. 우리의 내면은 우리가 경험하는 모든 것을 빠짐없이 기록하고 있으며 그 학생은 자신의 무의식과 더욱 효과적인 소통 방식을 찾고 이미 무의식에 쌓여 있는 해당 정보들에 접근하는 것이기 때문이다.

이러한 소통은 때때로 놀라운 결과들을 가져오기도 한다. 즉, 이것을 통해 심지어 의식적으로 결코 알 수 없는 정보들에 접근하고 성공적인 결과로 이어지는 사례들도 있다.

예를 들어 자신이 잃어버리고선 의식적으로 도저히 기억할 수 없는 물건의 위치를 질문을 통해 찾기도 하고, 심지어 타인인 누군가가 몰래 숨겨놓은 물건의 위치를 펜듈럼이 정확히 찾아내는 놀라운 경우들도 있다.

사실 표면의식 이면에 있는 우리 내면의 엄청난 잠재력을 경험했거나 이해한다면 이런 것들은 전혀 놀라운 일들이 아니다.

이러한 특성 때문에 펜듈럼은 다양한 분야에서 활용된다. 최면 분야에서는 일반적으로 금기하는 것이지만, 심지어 이것을 자신이나 다른 사람의 점을 쳐주는 도구로 사용하는 경우도 있다. (최면 분야에서는 일반적으로 점이나 미래예측 등의 목적으로 펜듈럼을 사용하지 않으며 그것을 금기시킨다.)

그러나 이것의 결과는 엄밀히 말해 스스로가 깊은 자신의 내면과 얼마나 잘 소통할 수 있는지 그 소통 수준과 능력에 달린 것이지, 펜듈럼 자체가 결과를 가져오는 것이 아니다. 훈련되지 않은 일반인의 경우 결과에 대해 오류가 날 확률은 매우 높다.

이것을 도구로 사용하여 점을 치는 주술사가 종종 용하다 싶을 정도로 뭔가를 맞춘다 하더라도 그 역시 하나의 에고 시스템 안에 있는 사람일 뿐이라는 것을 기억하자. 그 역시도 높은 확률일 뿐 늘 깨어 있는 상태로 있기 어렵기 때문이다.

그리고 만약 그 주술사가 모든 시간에 깨어나 있는 성인에 가까운 사람이라면, 그는 그러한 도구에 의존할 필요가 없을 것이며 이미 그것을 버렸을 것이다.

중심이 잡혀 있지 않거나 자기 자신의 무의식적 패턴과 에고 성향에 대한 이해와 해소를 배제한 채, 잠재의식과의 소통만을 시도하는 것은 대단히 염려스러운 것이며 종종 오히려 하지 않느니만 못한 결과가 될 수 있다.

1%의 영감에 99%의 에고적 망상에 사로잡힐 수 있는 것이 우리들 에고의 특징이기 때문이다. 그리고 남들은 그럴지 몰라도 나는 특별하므로 그 99%가 자신에게는 해당하지 않거나 훨씬 적은 부분일 것이라 믿는 것 또한 많은 에고들이 가진 특징이다.

가장 무서운 것이 그 99% 안에 포함되어 있는 자신을 제대로 인식하지 못하는 것이다.

※ 펜듈럼 신호 설정 방법 예제

몇 가지의 다른 형태의 설정 방법이 있지만 여기에서는 가로, 세로 움직임에 대한 설정의 한 가지 예시를 소개한다.

1. 펜듈럼과 펜듈럼 차트를 준비한다.

2. 내담자가 다리를 꼬지 않은 바른 자세로 걸상에 앉고 펜듈럼이 걸리게 될 손의 팔꿈치를 탁자나 책상 위의 안정된 곳에 위치하게 한다.

3. 팔꿈치 아래는 수직으로 공중에 두고 손은 완전히 힘을 빼서 손목에 매달린 것처럼 자세를 취한다. (어떻게 자세를 취하는지 보여주며 진행한다.)

4. 여기에서 에릭슨식의 애매모호한 접촉 기법을 사용해 팔 카탈렙시를 유도할 수 있다. 이 기법으로 고정되었을 때 팔의 자세가 유지되도록 공중에 둔다. 이것을 사용하면 내담자가 펜듈럼을 사용하는 데 편안함을 느끼게 하고 이 과정을 더욱 촉진시켜준다.

5. 카탈렙시 상태에서 펜듈럼을 집게손가락에 걸어준다.

6. 내담자가 처음 펜듈럼을 써본다면, 내담자의 잠재의식이 '예/ 아니오/ 아직 의식적으로 알 준비가 안 되었습니다' 대답 중 선택할 수 있도록 보기를 준다. 내담자에게 다음처럼 말한다.
"당신의 잠재의식이 제가 확연히 알아차릴 수 있도록 '예' 신호를 줄 수 있나요? 때때로 잠재의식은 '예'라는 신호를 이렇게 주기를 좋아합니다."
펜듈럼을 수직에 가깝게 들었다 떨어뜨리며 큰 호를 그리며 움직이게 한다. 그런 다음 이렇게 말한다.
"이것이 가장 적절한 신호입니다."

7. "그리고 때때로 잠재의식은 '예'라는 신호를 이런 식으로 알려 주기를 좋아합니다"라고 말하며, 이번에는 펜듈럼이 교차하는 반대 방향으로 흔들리도록 하고 이렇게 말한다. "이것 또한 적절한 신호입니다."

8. 이제 내담자에게 말한다. "잠재의식에게 '예' 신호를 보여달라고 요청하세요. 그리고 나서 마음속으로 여러 번 이렇게 반복하세요. '예' 신호를 보여주세요, '예' 신호를 보여주세요…"
시간을 충분히 주고 기다린다. 혹시 애매하거나 아주 약한 신호가 나온다면 다음처럼 말한다.
"잘하셨습니다. 이제 당신의 잠재의식이 이 신호를 증폭시켜주시면 제가 더 알아보기 쉽습니다. 좋습니다."

9. 펜듈럼 차트를 이용한다면, 이제 펜듈럼 아래에 그것을 두되, 펜듈럼의 '예' 신호에
    방향을 일치시킨다.

10. 그런 다음 '아니오/아직 의식적으로 알 준비가 안 되었습니다' 신호를 확인하는
    절차를 앞과 동일하게 반복한다.

대개의 경우 '예/ 아니오'가 차트의 선을 따라 정확히 반대 방향으로 일치될 것이다.
때때로 시계 방향이나 반시계 방향으로 회전하는 신호를 주기도 한다. 그것을 알아
차린다면 이렇게 말한다.
"이렇게 적극적으로 소통해주셔서 감사합니다."

11. 이제 설정 여부를 확인하기 위해 100% 예 대답이 나올 수 있는 질문을
    행하고 반응을 지켜본다. 예를 들어 여성 내담자인 경우 "이 사람의 성별은
    여성입니까?"라는 질문을 하는 것이다.

12. 그런 다음 100% '아니오' 대답이 나올 수 있는 질문을 행하고 반응을 지켜본다.
    예를 들어 여성 내담자에게 "이 사람의 성별은 남성입니까?"라는 질문을 하는
    것이다.

만약 11~12번에서 모순된 대답이 나온다면, 설정이 정확히 완료되지 않은 것이므로
재설정해야 할 수 있다.

관념운동 반응과 손가락 신호

최면 상태에서 해리(Dissociation)의 정도를 높여서 사용하는 대표적인
기법은 바로 앞서 언급한 손가락 신호 기법이다.

깊은 최면 상태에서 유도자는 내담자의 내면에게 손가락으로 반응해 달라고 요청하면서 유도자의 질문에 대한 반응을 예, 아니오 등의 특정 손가락 움직임으로 나타나게 하여 소통 경로를 만드는 것이다.

이 기법은 오늘날 관념운동반응을 접목한 직접암시 작업이나 관념운동반응을 접목한 최면분석 작업, 그리고 내담자 중심 연령역행 테라피나 파츠 테라피 등의 접근의 일부분으로서 자리매김하고 있다.

그렇지만 이런 기법은 사용하기에 단순한 반면, 위험성이 많은 기술이다. 해외의 유명한 모 최면사는 자신의 최면분석 과정에서 이 기법을 사용하다 상담 과정이 엉망이 되어버린 경험 이후로 이 기법을 사용하지 않는다고 말했다.

그러나 로이 헌터 선생은 이 기법을 35년 이상 부작용 없이 성공적으로 사용해오고 있으며, 그의 제자들에게 필수적인 기술로 가르치고 있다. 그는 이것을 몇 가지 지켜야 할 원칙들을 준수하면서 주의점을 숙지하고 정확하게 사용할 수만 있다면 매우 유용한 기법이라고 말했다.

손가락 신호뿐 아니라 펜듈럼 및 기타 기법을 사용할 때 우리는 콘텐츠를 유도자의 다른 정보로 오염시키지 않도록 신사적이고, 부드럽고 또 조심스럽게 질문해야 한다. 따라서 이 기법을 적용하는 것에는 그 미묘한 차이와 올바른 사용법을 숙지할 필요가 있다.

이것은 '예, 아니오, 모르겠습니다'라는 2~3가지 대답만을 사용하며, 최면사는 내담자에게 열린 질문이 아닌 닫힌 질문을 사용해야 한다. 이는 자칫 앞서 언급했던 부적절한 리딩이나 잘못된 인식의 위험성을 높여 잘못된 결론으로 이끌 수도 있기에 그것을 예방하는 몇 가지 원칙들을 반드시 염두에 두어야 하는 것은 중요하다.

대표적인 금기 사례는 손가락 기법을 사용하면서 최면사가 피험자에게 "만약 당신이 빙의된 존재이고 그것에 영향받고 있다면 예를 표시하는 손가락을 움직여주십시오"라고 요청하는 것이다.

내담자가 반응하지 않자, 최면사는 더욱 큰 목소리로 권위 있게 "만약 당신이 이 사람이 아닌 다른 영적인 존재에게 빙의되어 영향받고 있다면 예 손가락을 움직여주십시오"라고 강조하며 말한다.

최면 상태에서 내담자에게 이런 식으로 질문하는 것은 역행 테라피 도중 희미한 어린 시절의 경험을 떠올리는 내담자에게 "당신의 아버지가 당신 몸의 성적인 부위를 건드렸나요?"라는 질문을 여러 번 반복적으로 강조하며 행하는 것과 다르지 않다.

이는 로이 헌터 선생이 최악의 부적절한 리딩이라고 말한 대표적인 사례 중 하나로, 좁은 카테고리의 질문, 강조하지 않기 등의 금기사항들을 모두 무시하고 있을 뿐 아니라 무엇보다 외부로부터의 영적인 영향력에 언제든 간섭받을 수 있다는 신념을 강화시킴으로써 오히려 피험자의 자아를 약화시키는 방향성을 갖고 있다. (문제를 일으키거나 반항적인 자신의 에고 파트가 에고 체계의 일부가 아닌, 외적 존재로 인식함으로써 의식적인 불필요한 믿음이 강화되는 사례)

이것의 처리 방식 또한 에고 파트를 건강한 에고 체계 내로 통합시키는 것이 아니라 강압적으로 비활성화시키려는 시도이다.

그나마 이런 암시가 받아들여졌을 때 이것 또한 해당 파트의 양상을 변화시키거나 어느 정도 암시 효과가 지속될 가능성은 있지만, 자칫 득보다는 실이 더 많은 결과로 이어질 수도 있다.

극히 일부이지만 이런 접근을 파츠 테라피로 부르는 사람들도 보았지만, 실제로 다루게 된 그 대상이 특정한 내담자 내면의 에고 파트였다고 하더라도 명백히 이것은 내담자 중심의 파츠 테라피가 아니다.

파트와 대화하는 모든 작업을 무조건 파츠 테라피라는 이름으로 묶는다면 그것은 적절치 않다. 왜냐하면 우리가 일상에서 누군가와 대화를 한다는 것은, 어떤 식으로든 내 앞에 있는 누군가의 특정 파트를 상대하고 있는 것이기 때문이다.

그 특정 에고 파트와 대화하고 있는 나의 상태 또한 하나의 에고 파트가 활성화된 상태이다. 그런 맥락으로 본다면, 문제 해결을 위한 치료적 심리상담이나 최면상담은 모두 파츠 테라피로 불러야 하는 묘한 상황이 생기게 된다.

에머슨 박사의 표현대로 우리의 에고 파트는 혹여 떠나가는 현상이 일어나더라도 그것이 제거되었다기보다는 단지 비활성되었다고 보는 것이 맞을 것이다. 왜냐하면 우리의 신경 통로가 분리되거나 변형될 수 있어도 지워진 것은 아니기 때문이다.

이것은 실제 빙의 현상이 '있다, 없다'라는 논쟁과는 별개의 문제이다. 왜냐하면 많은 사례에서 그들은 이미 최면적으로 암시반응성을 키운 상태에서 의도적으로 부적절한 유도 암시를 통해 해당 반응과 캐릭터를 끌어냈기 때문이다.

이것은 실제 빙의 현상의 유무와는 무관하게 최면사가 내담자에게 영향력을 암시한 결과일 가능성이 크다. (실제로 미국에서도 몇십 년 전 콘퍼런스 등에서 일부 최면사들에 의해 이런 종류의 작업들을 포함하여, 심지어 UFO에 의한 납치를 암시하여 작화시키는 역행 작업이 반짝 유행한 적이 있었다.)

로이 헌터 선생이 목격했던 몇몇 실제 사례들처럼 부적절한 암시를 통해 내담자의 내면에서 해당 파트들의 갈등이 크게 증폭된 채 오히려 미해결된 상태로 상담이 종료된다면 과연 어떤 일이 일어나겠는가?

실제로 로이 헌터 선생의 경우 그의 학생이 실습 도중 최면 상태에서 거친 욕설을 심하게 퍼붓는 피험자의 파트를 빙의로 간주하고 내보내려 하다 내적 갈등만 더욱 증폭시키고 그것이 미해결된 채로 최면 작업이 종료되어버리는 일이 일어났다.

그 학생 덕분에 그 작업을 복구하느라 엄청난 에너지를 소진했던 자신의 경험을 저자에게 말해주었다. 힘겨운 복구 작업이 끝난 후 알게 된 사실은, 그 사례의 해당 피험자는 어린 시절 아버지로부터 심한 폭력을 당했던 경험을 갖고 있었고 그 이후 이 에고 파트는 강압적이고 권위적인 남성으로부터 피험자를 보호하기 위한 역할을 하고 있었던 것이었다.

만약 당신이 최면을 공부하는 사람이라면 다음을 꼭 명심하길 바란다.

내담자의 세계관을 존중하는 것과 특정한 방향이나 결론으로 몰아가는 것은 완전히 다른 것이며, 최면가의 목표는 내담자가 스스로에 대한 자율성을 회복하고 권한을 부여받도록 하는 것이 되어야 한다.

기억 삭제와 최면 봉인

최면으로 기억을 삭제하는 장면은 많은 영화나 소설 등에 최면과 관련해 자주 등장하는 것이다. 영화의 장면처럼 정말로 기억을 삭제할 수 있다면 경우에 따라 매우 요긴하게 사용될지도 모른다. 그리고 일부의 경우 정말 영화와 같은 일이 벌어질지도 모르겠다.

이 경우 치료나 상담에서도 트라우마나 나쁜 기억들을 잊도록 하는 데 매우 유용하게 사용될 수 있을 것이고, 만약 이런 일이 가능하다면 이것 역시 앞의 기법들과 마찬가지로 에고의 고착에서 벗어나게 하는 하나의 방편이 될지도 모른다.

그럼 이것을 보다 전문적인 시각으로 설명해보겠다. 기억 삭제라고 표현했지만 사실상 이것은 삭제라기보다 '망각'이라고 부르는 것이다.

최면, 섬냄불리즘에서 일어나는 망각은 앞서 말했다시피 '허위의 망각'에 해당한다. 그렇다면 이것을 치료적인 작업이나 변화를 위한 상담에 사용할 수 있을까?

그 답은 당연히 '그렇지 않다'이다. 왜냐하면 망각은 기억 자체를 삭제하는 기법이 아니기 때문이다. 망각이란 표면의식이 무의식 차원의 데이터에 접근이 일시적으로 차단되는 상태이다. 이것이 일어날 경우 표면의식이 그것에 대해 떠올릴 수 없더라도 무의식 차원에서 그 영향력은 그대로 존재한다.

앞서 우리 내면에 있는 다양한 에고 파트들에 대해 언급했었다. 만약 고통스런 트라우마를 잊기 위해 특정 기억을 가진 에고 파트를 격리시켰다고 치자.

격리당한 그 에고 파트가 과연 조용하고 얌전히 앉아만 있겠는가? 결코 그렇지 않다. 오히려 이 경우 우리 내면의 파트들 간에 조화가 아닌 갈등만 증폭될 가능성이 크다. 또한 그것은 치료나 상담이라 할 수 없다. 상담이나 테라피의 목표는 내적 파트들 간의 조화와 소통이 되어야 한다. 그것은 임시방편에 불과한 것이기 때문이다.

이렇게 깊은 망각을 일으키기 위해서는 깊은 섬냄뷸리즘을 성취하는 것이 전제가 된다. 오늘날 많은 최면가들에게 그것이 결코 쉽지 않다는 것은 어떤 의미로는 매우 다행스러운 일이다. 왜냐하면 누구나 그런 깊은 섬냄뷸리즘을 쉽게 유도할 수 있다면, 일부 최면상담사들이 무조건 앞서 말한 망각 기법들을 손쉬운 테라피로서 남발할지도 모르기 때문이다.

반세기도 더 이전에 일부의 의료 최면가들 사이에서 '최면 봉인'이라 불리는 기법이 유행한 적이 있었다. 이것은 앞서 말한 것과는 다소 다른 것이지만, 유사한 맥락이 있어 이 장을 빌려 최면 봉인에 대해 설명하려

한다.

최면 봉인은 의사의 권위를 이용해 깊은 망각 현상을 부적절하게 사용했던 매우 비윤리적인 사례들이었다. 먼저 이것은 먼 과거의 이야기이며, 오늘날 최면 봉인이 사용되거나 발견되는 사례는 극히 드물고 일반적인 최면사들이 현실에서 마주치기는 거의 힘든 사례이다.

또한 이것은 대부분의(전부는 아니다.) 최면 관련 조직이나 협회의 윤리·행동규범에서 피해야 하는 것으로 규정되어 있으며, 만약 발견되더라도 즉시 제거되어야 하는 비윤리적인 절차로 여겨지고 있다.

기법서가 아닌 이 책의 짧은 장에서 최면 봉인의 장착과 해제에 대한 전체 절차를 설명하지는 않을 것이다. 그렇지만 이 장을 통해 이것의 위험성에 대한 이해와 그것을 탄생시킨 간략한 역사적인 배경을 제공하고자 한다.

문서화된 기록에 의하면 최면적인 봉인은 1950년 훨씬 이전부터 인식하고 사용됐으며 심지어 1889년에 출간된 책(Karl du Prel, 1889, Das Hypnotische Verbrechen und seine Entdeckung)에도 봉인과 유사한 아이디어에 대해 언급한 부분이 나온다. 그러나 오늘날 언급되는 최면 봉인은 역사적으로 1930~1950년대 미국의 치과의사들에 의해 만들고 소개되었다고 여겨진다.

최면 봉인은 특정인이나 조건 외의 타인이 최면 작업을 행하는 것에 전부 또는 부분적으로 반응하지 않도록 내담자에게 봉인의 형태로 주어지는 각인 암시이다.

이것은 보통 후최면 암시 형태로 주어지며 이후의 타인에 의한 최면 진행을 어떻게든 방해하기 위해 의도적으로 주어지는 암시이다. 이것은 피험자가 최면 유도 자체에 반응하지 않도록 하거나 아니면 최면 유도에 반응하더라도 이후의 암시들을 거부하거나 심지어 최면에 든 피험자가 각성되지 않도록 하는 등 다양한 형식들로 사용된다.

물론 이것이 효과적으로 각인되기 위해서는 최소한 최면적 섬냄불리즘 상태 이상(깊은 섬냄불리즘이 이상적)의 깊이 확보는 필수적이며 대개 후최면 망각 암시가 동반되므로 이것을 받아들인 피험자는 최면에서 돌아 나온 뒤 의식적으로 이런 암시를 받았다는 사실을 인식하지 않는다.

오늘날, 무대 최면이라는 분야는 하나의 특화된 독립 분야로 자리 잡아 그 자체로 인정받고 있지만 1900년대 초중반으로 이어지는 시기의 무대 최면 분야는 점점 크게 성장과 발전을 이어가고 있던 시기였다.

이에 일부 의료 최면사들은 이러한 비의료 최면가들이 늘어나는 것에 대해 경계하며 최면이나 최면사에 대한 통제권을 갖고 싶어 했다. 그들 중 일부는 자신이 아닌 타인이나 특정 집단이 자신의 피험자에게 최면적인 트랜스로 유도하는 걸 방해하도록 후최면 암시들을 주기 시작했고, 몇몇 단체에서는 그것을 해제하는 방법은 배제한 채 그런 암시들을 각인하는 방법만을 가르쳤다. 당연히 당시 대부분의 무대 최면가들은 그런 류의 봉인에 수십 년간 반대했다.

정신과 의사였던 밀턴 에릭슨 박사는 초기 정신과 의사들로 국한되는 특정 봉인 형태를 지지했다가 최면을 사용하는 다른 의사들의 이의 제기로 인해 저항과 논란에 봉착했다.

이후 그는 몇 차례의 입장 변경을 거쳐 나중에는 봉인의 지지를 완전히 포기하였고, 오히려 그것을 주장하는 사람들을 비난하는 입장에 서게 된다.

한편, 데이브 엘먼 선생은 의사들을 대상으로 한 그의 메디컬 최면 코스에서 의사들에게 최면적 봉인과 그런 봉인을 해제시키는 방법을 가르치면서, 그런 종류의 기법들이 얼마나 비윤리적인 것인지를 강조했다.

동시대 이후 봉인을 각인하는 것이 매우 비윤리적이라는 것을 인식한 많은 교육기관들로 인해 이러한 기법을 가르치는 것이 현저하게 줄어들게 되었다.

몇몇 피험자에게 악영향을 주는 봉인과 관련된 사고들이 늘어나면서 의학 최면계뿐만 아니라 다른 최면 단체들이 그러한 봉인에 적극적으로 반대하기 시작한 것이다.

그 결과, 오늘날 의료 최면사들뿐만 아니라 대부분의 최면계의 인식은 최면 봉인의 사용을 비윤리적인 것으로 여기고 있다.

저자가 제임스 라메이 선생으로부터 들었던 최면 봉인 발견에 관한 실제 사례가 있다. 이것은 지금으로부터 수십 년 전에 라메이 선생의 한 제자가 겪었던 사례이다.

울트라 뎁스® 프로세스 코스의 졸업생 중 하나였던 크리스에게는 '수면 발작 장애'라는 병을 20년간 앓아온 바바라라는 친구가 있었다. 크리스는 바바라와 오랜만에 만나 최면치료사로서 새롭게 배운 기법에 관해 이야기하며 즐거운 시간을 보내고 있었다.

분위기가 무르익자 바바라는 크리스에게 최면을 해달라고 부탁했고 크리스는 그녀를 아주 깊은 최면 상태로 유도했다.

그런데 최면이 진행되는 도중 이상한 일이 일어났다. 그녀가 분명 깊은 최면에 들었음에도 바바라가 더 이상 크리스의 말에 반응하지 않는 것이었다.

크리스는 UD 전문가였기에 당연히 이 상태가 에스데일과 같은 상태가 아님을 알고 있었다. 크리스는 바바라가 그저 최면 실어증 상태로 새어버린 것이 아닌가 의심했다. 그래서 그는 가능한 바바라를 최면에서 돌아 나오게 해서 재최면을 시도하려고 마음먹고 그녀가 최면에서 돌아 나오는 암시를 주었다. 그러나 그녀는 아무런 반응도 하지 않았다.

크리스는 그녀를 최면에서 돌아 나오게 하기 위해 다양한 방식으로 노력했으나, 바바라는 그 어떤 시도에도 반응하지 않았다. 당황하던 크리스는 제임스 라메이 선생으로부터 배웠던 최면 봉인에 대해 떠올렸다.

그리고 침착하게 그것을 해제함과 동시에 재반응하도록 이끄는 방법들을 그에게 배운 대로 실행했고 마침내 바바라를 최면 상태에서 돌아 나오게 할 수 있었다.

놀랍게도 바바라는 최면에서 돌아 나온 뒤, 오래전 잊고 있었던 과거의 한 사건을 떠올렸다. 그녀는 20여 년 전 자신의 낮은 자존감 문제로 최면을 사용하는 한 의사를 만났었고, 그는 그녀를 매우 깊은 섬냄불리즘 상태로 유도했었다고 했다.

그리고 당시 그 의사는 그녀에게 녹색을 볼 때마다 즉시 다시 최면 상태로 돌아올 것이라 암시했고, 그에 덧붙여 만약 이후에 다른 사람이 그녀를 최면으로 유도하게 된다면 그녀는 최면에 들 수 있지만 그 사람은 그녀를 결코 최면에서 돌아 나오게 할 수 없을 것이며, 오직 자신만이 그녀를 최면에서 돌아 나오게 할 수 있을 것이라고 암시했다고 했다.

게다가 그 의사는 그녀가 의식적으로는 이 지시들이 주어진 것을 잊도록 망각을 암시했다.

그녀가 받아들인 그 암시들은 전형적인 최면 봉인의 유형 중 한 가지였던 것이다. 크리스는 이 봉인을 해제했을 뿐만 아니라 이후 바바라는 이것과 관련된 사건 모두를 의식적으로 기억해내게 되었다.

바바라는 20여 년간 발작성 수면 장애를 갖고 있었는데, 봉인이 해제된 사건 이후 그녀에게서 더 이상 발작성 수면 장애와 관련된 사건은 일어나지 않았고 생기와 활력 또한 되찾게 되었다.

그 의사가 암시했던 녹색이라는 것의 의미는 그녀에게는 매우 해로운 것이었다. 왜냐하면 그녀는 부엌에서 다양한 녹색 온실 식물들을 키우고 있었기 때문이었다.

그뿐만 아니라 그녀는 운전을 하며 빨간불에서 신호 대기를 하던 도중 신호등에 들어온 초록불을 보고 그 자리에서 깊은 상태로 들어갔다. 그리고는 꽤 오랜 시간 동안 그곳에 그대로 있다가 정지신호인 빨간색 신호등이 들어오고 나서야 그 상태에서 돌아 나온 것이다.

이 사건으로 인해 그녀는 운전면허를 잃게 되었고 발작성 수면 장애라는 진단까지 받게 되었다.

봉인이 해제된 이후, 그녀는 발작성 수면 장애가 없다고 재진단받게 되었고 결국 면허증을 되찾을 수 있었다. 드물지만 이것은 최면 봉인과 관련된 실제 사례였다.

최면 봉인은 위의 사례에서의 형태뿐 아니라 다양한 형식이 있으며 몇 가지가 혼합된 형태도 있다. 또한 일반적인 타인 봉인들뿐 아니라 본인이 스스로 시행한 자가 봉인의 형태들도 있다.

만약 타인 봉인이 적용된 것이 확실시되는 피험자의 봉인을 해제할 때에는 그것을 해제시킨 유도자가 피험자에게 장착되어 있던 봉인에 대해 부정적으로 언급하는 것은 좋지 않을 수 있다.

봉인이 해제되었을 때 그 봉인 암시는 피험자에게 매우 부정적인 것으로 인식되면서 당시에 그 봉인을 장착했던 최면가로부터 받아들였던 유익한 효과들 또한 일순간 무위로 돌아갈 수도 있기 때문이다.

예를 들어 봉인 장착과 함께 받았던 당시의 최면 효과로 3년 이상 끊었던 담배를 봉인 암시가 제거되면서 다시 피우게 되는 사례가 있다. 봉인이 부정적으로 인식되면서 금연 암시 또한 부정적인 것으로 여겨 암시를 무력화시킨 것이다.

그리고 봉인을 받았던 내담자들은 종종 더 이상 최면이나 최면사 자체를 믿지 못하게 되거나, 더 이상 자기 자신을 통제할 수 없다고 느끼며 두려움을 갖게 되거나, 심지어 그러한 봉인을 각인한 사람에게 분노의 감정을 느끼게 될 수도 있다.

과거에 이것의 큰 흐름은 의료 최면계 일부의 문제였지만, 오늘날 수년간 암암리에 여흥을 위한 최면과 성적인 주제를 다루는 이들 사이에서도 경쟁을 위해 유사한 형식의 사용빈도가 있었다고 한다.

이런 류의 봉인 암시들은 내담자나 다른 전문가들에게 예상치 못한 문제를 야기할 수 있으며 내담자의 선택권을 침해하는 비윤리적인 것이다.

03. 건강한 에고 확립하기

깨어 있다는 것

10여 년쯤 전 기억에 남는 한 내담자와 상담 중 있었던 일이다. 당시 이제 갓 스무 살이 되었을까 한 앳된 여성이었다. 개인의 프라이버시이니만큼 상세한 내용을 담을 수는 없지만 앳된 외모와는 달리 그 여성의 인생사는 웬만한 사연 깊은 어른들의 그것 이상으로 훨씬 불우하고 기구하며 안타까운 사연들을 지니고 있었다.

부정적인 기억들과 상처, 끝도 없는 트라우마들이 아침에 눈을 뜨는 순간부터 밤에 겨우 잠드는 그 순간까지도 계속해서 떠올라 하염없는 눈물과 고통으로 하루하루를 지내며 정상적인 생활이 불가능할 정도였다.
이전에 받았던 오랜 대화 상담과 의료적인 조치들조차 크게 도움이 되지 못하는 상태라고 했다. 장기간 그러한 스트레스에 노출되며 자존감은 무너질 대로 무너져 있었고 심신의 에너지 또한 바닥이었다.

트라우마들을 가진 이 여학생의 에고 파트들은 제 기능을 못 하고 있었고 그러한 내적 파트들 간의 갈등과 충돌 또한 극을 치닫고 있었다.

단순히 몇 가지 나쁜 기억들을 해소시키는 정도의 규모가 아니라 재발을 막고 심리적 면역을 높이기 위해 결국 모든 원인들을 제거하고 무너진 자존감들을 회복시키고 재통합해서 그것이 유지될 수 있도록 해야 하는 대장정이 필요한 상황이었다.

일반적으로 저자가 진행하는 최면상담의 회기는 짧게는 1~2회, 길게는 6회기까지도 진행될 수 있다. 특별한 경우가 아니라면 그 이상을 넘어가는 사례는 매우 드물지만 이 여성의 경우 해당 회기를 예측할 수 없는 상황이었다. 이렇게 내담자들마다 회기가 제각각인 이유는 동일해 보이는 문제를 갖고 오더라도 막상 자세히 들여다보면 그 원인들이 매우 다양하기 때문이다.

1~2회기의 짧은 시간에 마무리될 수 있는 단일한 감정이나 단일한 ISE 문제인 경우가 있는가 하면 외관상으로는 비슷해 보이지만 무의식 속에 거미줄처럼 얽힌 다중감정과 다중 ISE가 연관되어 있는 깊고 복합적인 문제들도 있기 때문이다.

때때로 99%의 작업이 잘 진행되었더라도 단 하나의 불만을 가진 파트로 인해 전체적인 해결을 막아버릴 수 있는 만큼, 이런 작업일수록 세세하고 꼼꼼하게 에콜로지컬 체크(생태 점검)를 해나가는 것은 매우 중요하다. 문제의 원인을 다루지 않고 증상만을 소거해버리려는 시도들은 겉보기엔 매우 짧은 회기에 변화가 일어나는 것처럼 보일 수 있지만, 자칫 그러한 접근은 찰스 티벳 선생이 '반창고 테라피'라고 불렀던 것처럼 단기간 작동하는 임시방편의 상담이 될 수 있기 때문에 근본 해결을 위해 개인적으로 상담에서 선호하지 않는 방식이다.

해당 여성과 3, 4회의 회기를 진행하자 생활을 지속할 수 없을 정도로 힘들었던 당장의 큰 문제들은 거의 사라졌지만, 파트들이 자율성을 회복하고 전체적인 건강한 에고의 통합을 위해 후속적인 몇 차례의 회기들이 소요되었다.

회기 초반에는 스스로에게 사랑한다는 말을 꺼낼 수도 없을 만큼 내담자의 내적 파트들이 적대적이었지만 회기 후반에는 에고 파트들이 자율성과 자아존중감을 되찾고 건강하게 재통합됨으로써 비로소 자신을 사랑한다고 당당하게 말할 수 있게 되었다.

사실 이 여성의 경우 회기 초기에는 자신이 휴식할 수 있는 공간을 하나 상상하는 것조차 자의적으로 할 수 없는 지경이었다.

왜냐하면 내면이 온통 부정적인 감정들에 사로잡힌 나머지, 오직 모두 먹구름으로 가득하고 비바람과 천둥 번개가 치는 장소만을 떠올릴 수 있었기 때문이다. 그런 통제할 수 없는 내적 이미지들은 그녀의 내면 상태의 반영이었다. 자신이 선택하는 상상조차 스스로 할 수 없었던 것이다.

그랬던 그녀가 이 상담 회기의 말미에는 자신이 실제로 경험했던 맑은 하늘의 아름다운 바다 풍경을 어떠한 자동적인 방해도 없이 마음껏 떠올릴 수 있게 되었다.

그녀는 그 풍경을 떠올리며 행복한 미소를 짓고 있었다. 그런데 그렇게 잠시 최면 속에서 휴식을 취하고 있던 그녀의 뺨 위로 갑자기 눈물이 흘러내리기 시작했다. 저자는 깜짝 놀라 그 여성에게 눈물의 이유를 물었고, 그녀는 감격에 찬 표정으로 이렇게 대답했다.

"바다가… 바다가 이렇게 아름다운지 몰랐어요… 물 아래에 비치는 이 조약돌, 이 색깔… 모든 게 너무나 신비하고 아름다워요!"

그녀는 감격에 찬 표정으로 말을 이었다.

"이상해요… 이 바닷가는 예전에 분명 왔었던 곳인데… 그땐 제가 바다 앞에 서서도 진짜 바다를 볼 수 없었어요… 분명 같은 장소인데…… 이제… 이제 제대로 보여요. 이 색깔, 이 모양, 이 냄새… 이곳이 이렇게 아름다운 곳인 줄 그때는 미처 몰랐어요… 그때의 전 아무것도 보이지 않았었거든요. 바다를 바다로 볼 수 없었어요. 근데 이제는 있는 그대로 보여요…!!"

그녀는 매우 기뻐하며 말했다.

우리의 에고 속에 고착된 기억과 감정, 데이터들은 무의식 속에서 일종의 자동적인 필터로서 작용하고 있다. 이것은 우리가 세상을 바라보고 경험할 때 마치 특정한 색안경을 쓰고 있는 것처럼 자동적으로 작용한다.

그녀는 자신도 모르게 모든 일상에 영향을 주고 있던 필터들이 사라지면서 짧은 시간이나마 자신 앞의 대상을 있는 그대로 느낄 수 있었다. 드디어 관찰자로서 자신의 순수한 시선을 되찾은 것이었다.

이영현 저자의 책 『내 인생의 호오포노포노』에는 '깨어 있는 것'에 대한 이야기가 나온다. 매일 다니는 골목, 내 집 앞의 산, 지겹게 바라보던 가족의 얼굴, 늘 타고 다니는 버스 등 익숙하게만 느껴지는 모든 것들이 실은 한순간도 똑같은 적이 없다.

계절이 바뀌고 그 순간 그 자리에 머무는 공기와 바람이 바뀌고 스쳐 지나는 사람이 바뀌고 내 의식 상태 또한 순간순간 바뀌고 있기에 똑같은 것이란 없다는 것이다.

이 책에서는 "생각에서 빠져나올 때 비로소 내 주위의 세상이 온전히 보이기 시작한다"고 말한다.

그와 함께 80대 중반의 한 할머니가 평생 책을 안고 살아오셨지만 정작 내 집 앞에 피어 있는 꽃들은 보지 못하고 사시다가 그 꽃 앞에 서서 그 아름다운 모습에 가슴 벅찬 눈물을 흘리셨다는 일화가 소개되어 있다.

이것은 저자가 앞서 한 여성 내담자의 사례를 들어 말했던 것과 유사한 맥락의 이야기이다. 그 여성의 말은 저자에게 많은 것을 생각하게 했고 한편으론 자신을 돌아보게 만들었다.

나는 얼마나 오랫동안 내 주변의 것들을 자동적인 생각과 감정 속에서 바라보고 있었는가….

나는 과연 지금껏 내 앞의 내담자들을 있는 그대로 볼 수 있었던가….

나는 내가 만나는 사람이나 사물, 모든 대상들의 본질을 얼마나 순수하게 느낄 수 있었던가….

나는 얼마나 많이 그들을 순수함으로 대했던가….

나 스스로가 투명하지 못한데 어찌 그 속에 있는 내가 세상을 투명하게 볼 수 있을까? 어찌 보면 당연한 이치이지만 우리들 에고는 이를 너무나 간과하며 살아왔다.

치유를 넘어서 : 건강한 에고로 가는 길

앞서 우리는 에고의 고착에서 벗어나는 것을 돕는 강력한 도구 중 하나로 최면을 들었고, 그중에서도 최면상담 등에 활용되는 대표적인 몇몇 개입 체계들에 대해 언급했다.

에고의 고착에서 벗어나는 것은 건강한 에고를 확립하기 위한 과정이기도 하며 이 둘은 자연스레 연결되는 관계가 될 수밖에 없다.

그렇다면, 에고가 건강해진다는 것은 무엇을 뜻하는 것일까?

건강한 에고가 확립된다는 것은 내면의 무의식 간의 소통, 즉 모든 에고 파트들 간의 소통이 회복되고 조화를 이루며 그것이 건강한 방식으로 표출되는 것이다.

이 과정에서 우리 내면의 각각의 에고 파트들이 트라우마를 비롯한 크고 작은 과거의 영향력들로부터 자율성을 얻는 것이 전제된다면, 각각의 서로 다른 파트들을 존중할 수 있고 협력하며 조화를 이루는 과정은 더욱 수월해지게 된다. 우리는 이 과정을 내적인 평화의 과정이라 부를 수도 있을 것이다.

물론 건강한 에고의 상태에 관여하는 것은 꼭 이런 마음적인 측면만 있는 것은 아니다. 물리적인 몸과 에고 체계는 서로 연동되어 돌아간다.

따라서 영양 상태의 균형과 물리적인 신체 세포의 건강 상태 같은 측면 또한 이것과 밀접하게 영향력을 주고받는다.

그러나 이 책은 최면이라는 도구에 큰 비중을 두고 있으므로 이 부분은 간단히만 서술한다.

이렇게 건강한 에고를 확립하는 것은 그다음인 영적인 성장과 발전으로 나아갈 수 있는 단단한 초석을 제공한다.

이러한 상태에서 자연적으로 의식은 유연함을 갖추게 되고 이러한 기반하에서 에고 체계 이면에 있는 자신의 잠재의식과의 소통은 비약적으로 증가할 수 있다.

그러한 소통은 꼭 잠재의식이라는 대상과 언어적으로 대화하는 소통을 뜻하는 것이 아니다. 그것은 의식의 유연함이 유지되면서 나의 본질로부터 오는 에너지가 막힘없이 외부로 흐르게 된다는 의미이다.

이러한 흐름에 나의 의식이 자연스레 행하는 행동과 선택은 영감적인 것이 될 수밖에 없을 것이다.

만일 누군가가 전형적으로 불건강한 에고 유형의 모습을 보이고 있으면서 잠재의식의 메시지를 전하며 영적인 리더나 스승으로 자처한다면, (잠재의식 케오라에 따르면, 진짜 영적인 리더들은 자신을 그런 식으로 포장하지 않는다고 한다.) 그들은 먼저 자신의 무의식적 기저 욕구와 에고 파트들의 패턴부터 관찰해야 할 것이다.

무의식적 기저 욕구 관찰하기

사실 자신의 무의식적 기저 욕구를 직면한다는 것은 대부분의 사람들에게 매우 불편한 것일 수 있다. 많은 경우에 이것은 직면하기조차 거북할 수 있고 의식적으로 인정하고 싶지 않을 수도 있다. 과연 그 이유는 무엇일까?

　무의식적 기저 욕구들은 우리의 에고 파트들의 형성과 나아가 우리 자신의 성격과 인격에 절대적인 영향을 끼쳐왔으며, 우리의 성격은 내가 늘 경험하는 인생과 함께해왔다.

　그래서 우리는 익숙한 이것을 '나'와 동일시하는 것이다. 그러나 이것은 '나'의 본질이 아니며, 그것을 넘어서는 진정한 나의 본성이 존재한다.

　사실 우리의 성격, 또는 인격의 정체를 잘 들여다본다면 이것은 어린 시절부터 무의식적으로 만들어져온 내적 방어기제와 대처행동들의 집합체인 것을 알 수 있다.

　이러한 방어기제들은 대개 나의 것이라 인정하고 싶지 않은 것들이 대다수이다. 결국 우리는 결핍과 상실 같은 것들로부터 자신을 보호하기 위해 왜곡된 가짜 정체성을 만들어온 것이다.

　우리의 에고와 인격이 어떻게 형성되었는지 그리고 어떤 형태를 띠고 있는지와 무관하게 모든 이들에게 분명한 한 가지는 이것이 우리의 진정한 정체성인 잠재의식과는 분리되어 있다는 것이다.

에고 속에 있는 우리는 인격, 성격적인 특질을 곧 자신의 본질인 듯 착각하고 그것을 내려놓기 어려워하지만 실은 우리의 성격이나 그것이 가진 집착 또는 고착이 우리 내면의 진정한 나의 본질과 행복을 막고 있다는 사실은 망각하고 있다.

자신의 에고 구조에 고착된 상태로 자신의 잠재의식과 순수하게 소통한다는 것은 거의 불가능하다. 이는 많은 정신적인 수행이나 유사한 것들을 추구하는 사람들이 빠지기 쉬운 함정이기도 하다.

이것은 결국 성장을 가장한 망상의 길로 빠지는 결과를 초래하기도 한다. 그런 면에서 이것에 대한 정확한 인식과 중심은 매우 중요한 것이다.

이영현 트레이너가 진행하는 '정화와 소통' 워크숍은 최면을 넘어(3세대의 최면 패러다임을 이해하는 데에도 큰 도움이 되지만) 개인의 인생에서의 이러한 중심과 인식을 갖는 데 매우 유용한 프로그램이기에, 개인적으로 이런 측면에서 저자의 최면 전문가 수료생들을 비롯한 주변 지인들에게 이 프로그램을 적극 추천하고 있다.

자신의 에고 구조를 관찰하고 '알아차림'을 시작하는 것은 작지만 매우 중요한 과정일 수 있다. 바로 이런 알아차림이 자동적인 패턴을 무의식적으로 계속해서 반복하게 만드는 기능을 멈추게 하는 시작점이 될 수 있기 때문이다.

패턴으로부터 하나씩 벗어나기 시작할 때, 당신은 내면의 잠재의식으로부터 뿜어져 나오는 엄청난 에너지와 그것으로 인한 현실적 결과들을 체험할지도 모른다.

당신의 잠재의식의 에너지를 막는 것은 그러한 '고착'들이기 때문이다.

자신에 대해 용서하기

저자는 건강한 에고를 확립하기 위한 과정에서 자신에 대한 용서와 화해를 이루는 것을 필수적인 항목으로 꼽는다. 그래서 이 책의 서두에서도 최면상담사들의 스스로에 대한 용서의 중요성과 내면관리에 대해 강조했다.

내담자들의 복합적인 감정적인 문제를 다루는 종합적인 최면상담에서 타인에 대한 용서와 자기 자신에 대한 용서 절차는 대부분 필수적인 절차로서 포함된다.

결국 용서란 것은 내면에서 무의식적으로 붙잡고 있었던 기억 속의 인물에 대한 집착과 그 영향력을 놓아줌으로써 그 에너지를 해소시키는 작업이다. 이는 자기 자신에 대한 용서에서도 동일하게 적용되며 타인에 대한 용서 못지않게 더욱 중요한 작업으로 간주된다.

이 과정은 그 자체로서도 강력한 치유적 효과를 가져 오며, 나아가 묶여있던 자신을 자유롭게 하고 자신과의 래포를 되찾는 데 도움이 될 수 있다. 이것은 건강한 에고로 한발 나아갈 수 있게 하는 의미 있는 작업이다.

실제로 심리적인 문제를 겪는 사람들과 상담을 하다 보면 그들 중 많은 수가 심각한 수준으로 스스로와 단절이나 갈등을 일으키고 있는 경우가 많다는 것을 알 수 있다.

그러나 이것이 꼭 심각하거나 큰 심리적 문제를 지닌 사람들에게만 해당되는 것은 아니다. 비록 겉보기에 특정한 문제가 없는 것처럼 보이는 많은 일반적인 사람들에게도 스스로와의 깊은 래포의 기반이 약한 경우는 주위에서 흔히 찾을 수 있다.

아니 굳이 외부가 아니라 나 자신을 찬찬히 들여다보아도 크고 작은 정도의 차이가 있을 뿐 유사한 것들을 발견할지도 모른다.

그러나 이 역시 무의식적이며 내면 기저부에서 작용하는 것이어서 자기 스스로가 그것을 인식하지 못하고 있는 경우는 흔하다.

예를 들어 이것은 표면의식적으로 행복과 즐거움으로 포장하며 타인에게 좋은 모습만 보이지만, 정작 깊은 내면에서 열등감에 사로잡히고 불안하고 괴로워하는 자신의 모습을 무시하고 보지 않으려 하는 형태로 드러날 수도 있다.

우리의 무의식에는 자신에 대한 수많은 오해와 그것으로 인해 파생된 수많은 감정이 존재할 수 있다. 의식적인 노력이나 주의 돌리기만으로는 이러한 무의식적 파트의 오해나 감정을 풀어주거나 해소시키는 것은 거의 불가능하다. 이것은 차원이 다른 층위에서 영향을 미치기 때문이다.

그러나 이것에서 빠져나오기 위해 우리가 가장 먼저 해야 할 것은 앞서 언급한 것처럼 자신이 어떤 것에 고착되어 있는지에 대한 '자각'을 갖는 것이다.

꼭 최면이 아니더라도 명상이나 이완, 또는 다른 도구들을 통해 우리는 이런 자신에 대한 탐구를 시작할 수 있다. 첫발만을 내딛고 뭔가 다 얻은 듯한 또 다른 착각에 빠지는 것은 경계해야 하는 일이지만, 그럼에도 불구하고 첫발을 내딛는 것은 큰 의미가 있다.

최면이나 명상 등의 특별한 도구를 몰라도 좋다. 이것은 누구나 시작할 수 있는 것이다. 생활 속에서 우리는 잠깐의 휴식이나 잠자기 전, 이완 속에서 자신의 내면을 관찰할 수 있다.

그냥 눈을 감고 자신의 내면의 아이를 불러봐도 좋다. 그것이 의인화되어 느껴지건, 어린 시절의 모습으로 그려지건, 어떤 상징물로서 나타나건 관계없다. 그냥 그 대상을 조용히 느껴보고 대화를 시도해보라.

때로는 그 아이가 울고 있을 수도 있고, 외로워할 수도 있고, 웃고 있을 수도 있다. 그 아이는 내 의식과 연결된 무의식 속 자신의 자원이 내사한 형상일 뿐이다.

그러나 그 아이를 현실 속의 아이처럼 대하라.

그 아이의 이야기를 충분히 들어주라. 만약 그 아이가 울고 있다면 그 아이를 달래줄 수도 있다. 만약 그 아이가 외로워한다면 함께해줄 수도 있다. 당신이 그 아이의 든든한 보호자나 후원자가 될 수도 있다.

가슴에 손을 얹고 그 아이에게 미안하거나 사과해야 할 것이 있다면 솔직히 표현하라.

그 아이와 진정으로 소통되기 시작한다면 변화가 일어날 것이다. 그 아이가 내 말을 충분히 이해했을 수도 있고, 이미 깊은 안정감과 웃는 표정으로 바뀌어 있을 수도 있다.

어떤 사람들은 그 아이에게 분노한 나머지 그 아이를 마주하고 싶지 않거나 부정하려 하고 싶을지도 모른다.

당장 그 아이를 용서하지 않아도 좋다. 그러나 모든 치유의 시작은 문제를 가진 나를 인정하고 수용하는 것에서 출발한다는 사실을 기억하자.

20세기 최면의 대가 밀턴 에릭슨 박사는 '환자란 자신의 무의식과의 래포가 결여된 사람'이라고 말했다. 물론 이는 자신이 의사의 입장에서 말했기에 '환자'라는 단어를 썼지만, 꼭 환자에 국한하지 않더라도 자신의 무의식과의 래포가 결여되는 경우들은 나 자신, 나의 이웃들 속에서 늘 일어나는 일이다.

그리고 저자는 그동안 최면상담을 통해 이러한 자신과의 래포를 되찾게 되면서 수십 년간 힘들어하던 문제들이 해결되거나 심지어 그들의 삶의 태도 자체가 바뀌어버리는 극적인 변화들을 수천 명의 내담자를 통해 수도 없이 목격해왔기에 이것의 중요성에 대해 자신 있게 말할 수 있다.

앞서 언급한 실습은 우리가 생활 속에서 간단히 초점을 맞춤으로서 실천해볼 수 있는 방법이고 이러한 실습(또는 명상, 무엇으로 불러도 좋다.)을 습관화하는 것은 자신의 무의식과의 래포를 회복하는 쉽고 좋은 방법 중 하나가 될 수 있다.

내 인생에서 반복되고 있는 패턴은?

우리 대부분은 인생을 관통하며 반복되는 패턴을 안고 살아간다.

혹시, 자신의 인생에서 반복적으로 벌어지는 패턴에 대해 조용히 관찰해본 적이 있는가?

그것은 감정적인 것일 수도 있고, 사고적인 것일 수도 있다.

또한 그것은 의지적인 것일 수도 있고, 무의식적인 행동패턴일 수도 있고, 심지어 그것과 관계없이 일어나는 것처럼 보이는 환경이나, 우연한 사건 같은 것일 수도 있다.

그것을 일부의 사람들은 '카르마'라는 말로 부르기도 한다. 안타깝게도 이것은 어린 시절부터 성장해 나가면서 반복되는 유사한 패턴을 가지며 같은 종류의 현실을 겪게 하기도 한다. 이런 패턴 또한 고착의 결과물인 것이다.

통찰력이 있는 이들에게 때때로 특정한 감정적 문제나 사고적 문제를 호소하는 것은 그것의 원인을 찾아보고 해소하고 통찰할 수 있는 소중한 기회들을 제공하기도 한다.

그러나 가장 심각한 것은 나 자신이 어떤 패턴 속에 있고 내가 무엇에 끌려다니는지조차 자각하지 못하는 경우이다.

생활 속에서 단편적으로 드러나서 불편함을 느끼는 감정적, 행동적인 문제들은 오히려 많은 사람들에게 이것을 개선하고자 하는 인식과 자발성, 동기부여를 주는 경우가 많다.

그러나 그 반대로 생활 속에서 눈에 띄게 불편하게 느끼는 감정이 없고, 오히려 스스로 평온하다고 느끼면서 분명하게 반복되는 자신의 패턴이 있음에도 그 진짜 패턴에 대해 인식 자체를 못하게 되는 경우들이 있다.

이런 사람들의 경우 대부분 "난 아무 문제 없어요", "전 평온한데요?", "전 특별히 다룰 문제가 없어요" 등의 말로 표현하는 경우가 많다. 이것이 사실이라면 아주 좋은 경우이다.

그런데 만약 에고 파트의 형성 과정을 이해하고 있다면, 겉으로는 긍정적인 것으로 보이는 이것의 이면에도 어떠한 기저감정이나 욕구가 개입되어 있다는 것을 알 수 있을 것이다.

어쩌면 이것은 외부를 평화의 상태로 위장한 채, 정작 그 사람의 인생을 앞으로 나아갈 수 없게 만들거나 현실 속에서 특정한 패턴을 반복해서 경험하게 만드는 요인이 될지도 모른다.

일반적으로 우리는 이러한 경우 그 사람은 세션이나 테라피가 불필요한 사람이라고 생각할 수도 있다. 물론 그 스스로도 그렇게 생각할 것이다.

그리고 실제로 이런 사람들을 상담할 경우 크게 진전이 없거나 제대로 된 원인 발견이 어려울 가능성이 높다. 왜냐하면 그들의 의식적인 인식이나 동기가 매우 약하기 때문이다.

사실 어떤 의미에서는 이런 이들이 가장 다루기 어렵고 심각한 경우일 수 있다. 꼭 특정한 문제에 대한 테라피 차원이 아니라, 개인의 성장 과정과 인생의 에너지 변환 과정을 생각한다면 이것을 발견하고 해소하는 과정 자체는 그 사람에게 엄청난 내적 변화를 일으킨다.

그들은 겉으로 큰 문제가 없이 성격 좋고 무난하게 살아가는 듯 보이지만, 인생 자체가 뿌리 깊게 숨어 있는 패턴에 휘둘리고 있기 때문이다.

사실 이것은 저자 자신의 이야기이기도 하다. 일부 내담자 중에도 이와 유사한 경우가 있기에 저자의 개인적인 이야기를 예로서 설명하려 한다. 지극히 개인적인 스토리이지만 이것이 도움될 수 있는 독자들이 있으리라 생각한다.

저자는 오래전부터 다소 완벽주의적인 성향을 갖고 있었다. 이것은 원칙을 지키려 하고 어떤 일에 책임감을 느끼게 하는 면에서는 도움이 되었지만, 자칫 방심하면 또 다른 틀에 갇힐 수 있고, 긴장과 조바심, 예민한 신경을 갖게 하는 면에서는 늘 불편함을 느꼈다.

이러한 성향적 특성을 어느 정도 인식하고 있었고 그것의 불편함을 잘 알기에 이 성향이 가진 부정적 측면을 줄이고 유연함을 길러 긍정적 측면을 확장하는 것을 늘 의식적으로 염두에 두고 살아왔다.

그래서 최면과 함께한 기간 동안 몇몇 기회들을 통해 자기최면과 타인최면 등으로 이것들을 다루어왔고, 오랜 시간 스스로도 "난 더 이상 크게 다룰 것이 없어", "난 평온해", "생활 속에서 불편함이 없는걸" 하고 생각해왔다.

물론 이것은 오만한 착각이었다.

이후 울트라 뎁스®를 만나고 잠재의식 케오라의 가이드로 정화와 소통을 생활 속에 실천하고 있던 어느 날, 평소에 꿈을 자주 꾸지 않던 저자는 느닷없는 꿈 하나를 꾸었다. 잠에서 깨어난 뒤로도 그 꿈은 강렬하게 뇌리에 남아 있었다.

그 꿈의 내용은 이랬다. 좌변기가 있는 화장실이었고, 큰 변기 위에 어떤 천진난만한 어린아이 하나가 앉아 있었다. 그리고 한쪽 벽에는 큼직한 보석들이 붙어 있고 그 주위로 귀엽게 생긴 새끼 고양이들 몇 마리가 놀고 있는 장면이었다.

그런데 그 아이가 앉아 있는 변기 아래 물속에서 여러 마리의 큰 뱀들이 모습을 드러내는 것이었다. 깜짝 놀라 그 변기의 물을 몇 차례 내렸지만 사라진 것처럼 보이던 물속에서 다시금 그 뱀들이 징그러운 모습을 드러내는 것이었다. 그러다 그 뱀 중 한 마리가 꼬리를 변기 물속에 담근 채 쑤욱- 하고 변기 밖으로 머리를 들고 내밀더니 새끼 고양이 중 한 마리를 덥석 물어가는 것이었다.

무척 오싹한 장면이었지만, 변기 위에 앉아 있는 그 아이는 아무 일도 없는 듯 태연하게 앉아서 평안한 표정을 짓고 있었다.

잠에서 깬 뒤 도대체 이 요상한 꿈은 무엇인지 궁금했지만 알 수 없었고, 그냥 개꿈이려니 하고 잊고 있었다.

그런데 그날 우연히 저자가 운영하는 최면센터 소속 트레이너인 이영현 트레이너에게 가벼운 최면 세션을 받을 기회가 생겼다. 사실 직업적 특성상 남들에게 최면을 가르치고, 상담을 하거나 세션을 진행하는 것은 생활화되었지만 정작 타인에게 세션을 받을 수 있는 기회는 많지 않다.

예정에 없던 간이 세션이었지만 왠지 받아야 할 타이밍이란 느낌에 피험자가 되었고 간단한 세션이 진행되었다.

최면 상태에서 저자의 내면에서 드러난 것은 사람 모양의 아기 인형이었다. 얼굴은 생기 없는 플라스틱으로 되어 있고 하나의 표정을 가진, 말 그대로의 플라스틱 인형이었다. 그 인형은 이렇게 말했다.

"이 사람이 왜 저렇게 바쁘게 움직이는지 모르겠어", "나는 바쁠 것도 없고 편안한데, 왜 쟤는 저렇게 바쁘게 움직이는지 모르겠어."

그리고 자신은 그냥 이렇게 있는 이 상황이 편하고 움직일 필요가 없다고 말했다.

그리고 이내 그 인형과 연관된 핵심기억 하나를 찾았다. 그것은 죄책감과 연관된 것이었다. 오래전에 다른 트레이너들과 이미 죄책감과 연관된 토막 작업들을 몇 차례 다룬 경험이 있었지만, 이번 것은 그때의 그것과는 약간 다른 시점의 또 다른 양상이었다.

그것은 다소 이른 나이에 돌아가신 어머니와 연관된 것이었다. 철없게도 아직 상을 치르는 기간 중에 그 아이는 옆집에서 게임기를 빌려와 게임을 하고 있었다. 당시의 어린 나는 그 나이에 감당하기 벅찬 거대한 슬픔을 직면하지 않으려 했던 것이다.

무엇을 해야 할지, 불편한 상황에서 했던 그 행동은 내면에서 죄책감이 되었고, 당시에 내가 통제할 수 없는 외부 상황에 대해 무기력으로 일관하며 그 상황과 감정을 직면하지 않으려 했다.

그 작업이 마무리될 때, 인형은 살아 있는 피부를 가진 생기 있는 표정의 아이로 바뀌었고 그 아이는 청소년기의 성장한 모습으로 기꺼이 재통합되었다.

저자의 반복되는 이슈 중 하나는 내가 통제할 수 없는 외부 상황에 대해 마음을 닫아버리고 회피하는 것이었다. 그러나 이것은 외부적인 것이 아니었다.

외부적인 저자의 모습은 늘 바쁘고 어떤 일이 생기면 오히려 적극적으로 나서서 움직이는 모습으로 보였지만, 정작 인식하지 못하는 내부에서는 그 반대로 움직이고 있었고 그것은 때때로 무기력의 형태로 발현되었다.

결국, 그날 아침에 꾸었던 그 꿈은 저자의 잠재의식이 이러한 나의 내면 상황을 의식이 인식할 수 있도록 완벽하게 보여준 것이었다. 꿈속 화장실에 앉아 있던 그 아이는 자신이 깔고 앉은 자리 아래에서 그렇게 무섭고 징그러운 뱀들이 튀어나오는데도 그냥 무표정하게 아무 일 없듯이 앉아 있었다.

보석과 고양이들은 부와 매력을 상징한다. 그리고 그 뱀이 새끼고양이를 잡아먹고 있는 위기 상황에서도 그 아이는 아무 일 없는 듯 앉아 있는 것이다.

현실 속 반복되던 나의 모습을 상징적으로 보여준 꿈이었고, 그날 이루어진 세션은 이것을 그대로 옮겨놓은 세션이었던 것이다. 그러고 보면 이런 무기력과 회피의 패턴은 학창 생활이나 군 생활 속에서도 반복되었다.

그 세션이 있었던 며칠 후, 저자는 또 한 번의 꿈을 꾸었다. 꿈속에서 저자는 외부에서 걸려온 텔레마케팅 전화를 받고 있었다. 적당히 친절하게 끊으려는 내 의도와는 달리 전화 속 남성의 목소리는 점점 시비조로 바뀌어갔고 저자의 화를 돋우고 있었다.

그 꿈속의 나는 더 이상 참지 않고 폭발했다. 글로 옮길 수조차 없는, 거칠고 난폭한 말들이 내 입에서 튀어나오는 것을 보며 나 자신도 많이 놀랐다. 그리고 그렇게 실컷 분노를 표출하고 난 뒤, 한 번만 더 전화하면 죽여버린다고 화를 내며 전화를 끊어버렸다.

뭔가 후련한 느낌이 들었고 그 순간 전화 속의 목소리가 누구인지 자각이 되었다. 바로 군 시절에 어쩔 수 없는 외부 상황을 일으켰던 부대 간부 중 한 명의 목소리였던 것이다. 그러자 꿈속에 있던 다른 사람이

입고 있던 옷이 군복으로 바뀌며 이미지가 겹쳐졌다.

20여 년도 훨씬 지난 그때의 경험이 여전히 무의식에서 어떠한 일부로서 영향을 주고 있었고, 그 상황 역시 고질적인 패턴을 반복했던 것이었다. 과거 타인의 경험들을 숱하게 다루어 오면서도 정작 나 자신의 것은 놓치고 있었던 것이다.

이후 잠재의식 '케오라'에 따르면, 이번에 꾼 이 꿈은 일반적인 꿈이 아니라 해소작용을 하는 꿈이라고 했다.

어쨌든 이렇게 잠재의식이 적절한 시점에 적절하게 떠올려준 꿈들은 나를 돌아보고, 인생에 미치는 패턴을 발견하고 그 고리를 끊을 수 있는 또 하나의 개인적인 계기가 되었다.

이렇게 개인적인 경험들까지 언급하는 이유는 자신의 인생에서 일어나는 반복적인 패턴을 관찰하고 그것을 멈추게 하는 일은 우리 모두의 인생 여정에서 아무리 강조해도 지나치지 않는 의미 있는 일이기 때문이다.

자, 그럼 다시 한 번 자신에 대해 질문을 던져보자.
내 인생에서 반복되고 있는 패턴은 무엇인가?

이 답이 당장 떠오르거나 선명해지지 않아도 좋다.
우리가 이것에 초점을 두고 있고 이것들이 하나씩 인식의 차원으로 떠오르는 순간, 그것은 이미 그 패턴을 멈추는 것을 향한 절반의 걸음을 내디딘 것이기 때문이다.

그리고 당신의 잠재의식이 협조한다면 그것은 적절한 시점에 적절한 방식으로 다룰 소중한 기회들을 제공할 것이다.

04. 최면가로서 성장하기

지름길 vs 정도(正道)

일전에 호주에 거주하는 20대의 젊은 최면사가 저자의 울트라 뎁스® 에듀케이터라는 희귀한 직함을 보고 온라인 채팅을 통해 대화를 시도해왔었다. 그는 울트라 뎁스®에 대해 잘 알고 있다고 말하며, 자신이 잠재의식과의 소통에 대해 발견한 것과 자신만의 지식에 대해 저자에게 늘어놓기 시작했다.

저자는 울트라 뎁스® 헤드 에듀케이터로서 이 쉽지 않은 프로세스를 공부하고 있는 그 젊은 외국 청년이 대견하기도 하고 또 반가운 마음에 그에게 도움될 만한 것이 있으면 공유하고자 하는 마음에 대화에 응했다.

그러나 몇 마디 나누지 않아 그가 '울트라 뎁스®'라고 부르는 것이 실제 내용과는 전혀 다르며 그가 경험한 것들이 씨코트 상태나 울트라 뎁스® 프로세스와는 무관한, 비교적 가벼운 최면에서의 경험들임을 알아차렸다.

그리고 그 이야기의 맥락상 핵심은 단지 경험과 깊이의 문제만이 아니었다. 그 청년은 3세대적 최면 패러다임에 대한 이해가 전혀 없었던 것이다.

뭔가 의아한 생각이 들어 확인해보니 그 청년은 심지어 '울트라 뎁스® 프로세스'의 정식 코스를 수료한 경험조차 없었고, 비슷한 이름들을 모방하는 몇 가지 자료들을 통해 이것을 접했던 것이었다. 그리고 무엇보다 그것으로 자신이 이 분야에 대해 스스로 통달하고 있다고 생각하는 듯했다.

결국 그가 완전히 오해하고 있던 몇몇 부분들에 대한 저자의 설명을 듣고 여러 대화를 나누고 나서야 그 역시 자신이 알고 있고 경험한 것이 이것이 아니었으며 최면의 깊이나 섬냄뷸리즘에 대해 다소 다른 오해를 하고 있었다고 말했다.

사실 이것이 가장 어려운 것이다. 이 프로세스가 결코 기계적이고 단순한 최면 스크립트나 장황한 암시 프로토콜이 아니며, 개인의 성장과 밀접히 연관되는 프로세스임을 어찌 언어라는 제한된 도구로 모두 이해시킬 수 있을까?

그나마 그의 경우는 순수한 학구열을 가진 청년이었기에 자신의 오해를 인정하고 그것에 대해 한발 한발 제대로 배워보겠다고 했지만, 여전히 적지 않은 수의 사람들이 이 분야의 길을 걸어가며 '지름길'만을 찾는 경향이 있다.

현대사회는 정보의 홍수라 해도 과언이 아닐 만큼 많은 것들에 노출되어 있다. 많은 사람들이 이런 환경에서 어떻게든 남들보다 앞서가고 싶은 마음에 앞질러갈 수 있는 '지름길'을 찾으려 한다.

저자 역시도 마찬가지로 한때 그런 지름길을 찾기 위해 동분서주한

때가 있었다. 그렇게 20여 년 가까이 헤맨 지금은 그것에 대한 나름의 답을 갖고 있다.

비슷한 것을 찾는 분들에겐 실망스러울 수도 있지만, 그 답은 '결코 지름길은 없다'는 것이다.

이것은 깊이를 탐구하는 뎁스(Depth) 분야에서 특히 두드러진다. 이것은 뎁스 분야의 최고봉이었던 월터 씨코트 선생과 제임스 라메이 선생에게조차 적용되어온 과정들이다.

개인적으로 저자는 뎁스 분야를 계속해서 경험하고 연구할수록 씨코트 선생과 라메이 선생이 얼마나 대단한 것을 행했으며, 그들이 얼마나 어려운 길과 과정들을 거쳐왔는지 실감하고 있다.

그들은 단연코 과거 그 누구도 해내지 못했던 이 분야의 새로운 깊이의 장을 열었지만, 정작 그 결과물이 아닌 과정을 들여다보는 사람들은 많지 않다.

그들이 해왔던 것은 마치 아무런 길도 없는 울창한 정글을 넘어지고 부딪치고 늪에 빠지고 독충에 쏘이면서도 다음 사람이 따라올 수 있는 길을 개척하며 길을 만든 과정과 유사하다.

물론 다음 세대의 주인공인 우리는 기존의 길을 더욱 닦고, 앞으로 더 많은 길을 개척해가야 할지도 모른다. 그러나 최면계에서 그들의 업적은 많은 부분 평가절하되어 있고, 본질적인 부분에 대해 많이 알려지지 않았다.

오히려 '지름길'이 있다고 주장하는 일부 상업적인 마케터들에 의해 그 본질이 왜곡되어 알려진 경우가 더 많았을 정도였다.

이에 대해 제임스 라메이 선생은 그들의 주장들을 수용해주며 그것들을 적극적으로 검토해보았지만 반복해서 실망할 뿐이었고, 저자에게도 이 길에 결코 지름길은 없다는 점을 분명하게 말했다. 사실 많은 보통의 사람들을 속일 수 있을지는 몰라도 깊이를 다루는 전문가들의 눈은 다르다.

제임스 라메이 선생은 생전에 제자들에게 정직함과 신뢰, 진정성이라는 항목들은 특히 깊이를 다루는 사람들에게 필수적인 것임을 늘 강조하셨다. 그리고 지금의 저자는 이러한 라메이 선생의 말에 200% 동감하고 있다.

열매라는 하나의 결실이 맺히기까지 그것을 재배한 농부가 얼마나 많은 인고의 시간과 시행착오, 정성과 인내를 들였는지 그 과정을 안다면 이 역시 다르지 않음을 알 수 있을 것이다.

"정도(正道)에 결코 지름길이란 없다."

최면가의 성장과 중심

저자의 개인적인 경험상 특정 창시자가 있거나 완전한 표준화가 되어 있지 않은 최면이란 분야를 공부한다는 것은 다른 분야에 비해 결코 쉽지 않은 과정이었다.

왜냐하면 특정 협회 등에서 주관하는 정규 과정의 기본 수업만으로는 그 깊이와 다양성 측면에서 충분하지 못했고, 추가적인 학습들을 위한 과정에서도 여러 단체나 개인들이 다루는 깊이나 전문성에 있어 그 수준들이 제각각이었기 때문이었다.

그런 이유로 이 분야에 대해 탐구하는 동안 본의 아니게 주최자나 트레이너만 다른, 같은 종류의 해외 수업들을 여러 번 참가하게 되거나 최면의 서로 다른 측면을 다루는 수업들을 거치면서 그와 연관된 다수의 선생님들을 거쳐올 수밖에 없었다.

실제로 많은 최면사들이 자신의 스킬을 확장하기 위해 저자와 같이 여러 가지 별도의 추가적인 수업에 참가하거나 부가적인 노력을 해야 하는 경우는 일반적이다.

특히 최면상담사를 목표로 하는 사람들에게 이런 추가적인 노력은 더더욱 중요하게 생각된다. 이것에는 물론 적지 않은 비용과 시간, 많은 노력이 들어가지만 그나마 이것 역시 최면 분야가 많이 발전되어 있고 세분화되어 선택의 여지가 많고 최면산업이 활성화되어 있는 일부 국가들에 한해서이다.

한국에서는 아직 이런 전문화된 분야들이 도입된 역사가 그리 길지 않고 전문적인 트레이너의 수도 상대적으로 적기 때문에 이런 추가적인 학습의 기회나 선택권이 많지 않은 실정이다.

그래서 많은 최면인들이 그 대안으로 기본적 학습 이후 최면을 상담이나 확장된 타 영역에 활용하고 더욱 발전하기 위해, 최면이 아닌 별도의 유사 분야나 학문에서 그 부족한 간극을 메우려 하기도 한다.

단순히 최면을 유도하는 것과 최면상담이라는 종합적인 과정을 진행하는 것은 또 하나의 다른 차원이다.

최면상담과 같이 장기적인 변화를 위한 전문적인 개입 도구로서 최면을 사용하는 이들에게는 최면분석의 깊이와 에고 파트들에 대한 이해, 그리고 이들을 효과적으로 다루는 방법에 대해 확장해나가는 것은 매우 중요한 부분이다.

이런 이해와 깊이의 확장은 의식과 무의식의 에고 파트, 잠재의식의 관계와 상호작용에 대한 종합적인 이해나 고찰을 더해가면서 표면을 넘어 더욱 심도 있는 작업으로 나아가는 결과를 가져올 것이다.

언제부터인가 한국에서도 최면상담사가 되고자 하는 이들에게 이런 전문성에 대한 인식과 관심들이 조금씩 늘어가고 있다.

그리고 세월이 흐를수록, 최면상담사라는 이름으로 활동하는 전문가들이 이런 전문성이나 깊이에 대해 발전시키려는 노력을 소홀히 한다면 최면상담사로서 점점 살아남기가 힘든 환경이 되어갈 것이다.

우리는 온라인 동호회나 아마추어들 사이에서 어느 정도 겉모습을 뽐내는 것이 직업적인 프로들의 그것과는 완전히 다르다는 것을 인식한다.

무술이나 격투 종목의 운동에 처음 입문할 때 우리는 '기본기'라는 동작들을 배우게 된다. 많은 사람들은 이것은 가장 쉽기 때문에 기본기라 부르며, 시시한 것으로 생각하는 경향이 있다.

그러나 이것은 쉽기 때문에 기본기라 부르는 것이 아니라 가장 중요하기 때문에 기본기라 부르는 것이다. 주먹 쥐는 방법을 잘못 배운 사람이 잘못된 자세와 포인트로 배운 주먹 지르기 하나를 10년간 수련했다. 겉모습은 유사해 보이지만 늘 부상이 따르고 동료들에 비해 실력은 늘지 않는다.

단지 취미나 재미를 위한 수련이었다면 소기의 목적을 달성했을지도 모른다. 그러나 이 경우 전문가가 되기에는 한계가 있다.

그런 차원에서 훌륭한 스승을 만난다는 것은 성장을 위한 기반을 다지는 의미에서 도움이 된다. 학습자의 입장에서 탄탄한 기반을 다지는 것은 미래에 겪게 될 수많은 시행착오를 줄여주며 다음 단계로 성장하기에 수월한 초석을 만들어주기 때문이다.

불행하게도 비급서 한 권을 가진 사람이 홀로 산에 들어가서 그 책을 보고 열심히 수련하고 내려와서 천하를 제패하는 것은 무협지 속의 로망과 판타지일 뿐, 현실과는 거리가 멀다.

그러나 비록 이 과정에서 먼저 그 길을 걸어간 훌륭한 스승의 가이드와 도움을 받았다 하더라도, 그러한 기반하에 표면적인 기술적 진보가 정체기에 다다를 때 즈음, 보다 한 차원 깊은 곳으로 들어가는 계기가 찾아온다.

결국 질적 성장을 위해 스스로 넘어가야 할 장벽을 만나게 되는 것이다. 이것은 매우 개인적인 차원이며 누군가에 의한 것이 아니다.

양적인 성장은 시간이 지나고 내담자들을 다루는 경험이 쌓이면서 누구나 자연스레 늘어갈 수 있다. 특히나 상담소 등의 업무 공간이 있는 직업적인 최면사라면 시간이 이를 해결해줄 수 있을 것이다.

반면 질적인 측면의 성장은 이와는 별개로 꾸준히 알아차리고 닦으며 발전시켜나가지 않으면 좀처럼 나아가기 어려운 측면이 있다.

그렇더라도 이 두 가지 양상의 성장은 조화와 균형을 이루며 병행해야 함을 이해하는 것은 중요하다.

때때로 오랜 시간 동안의 양적인 성장이 있더라도 질적인 성장이 조화롭게 받쳐주지 않는다면 결과적으로 심한 불균형에 이르게 될지도 모른다. 저자는 실제로 이러한 사례들을 해외의 오랜 경력을 가진 몇몇 최면사 사이에서도 목격해왔다.

이러한 불균형에 대해 인정하고 싶지 않은 우리의 에고적 본능들은 '아집'과 '틀'만을 강화함으로써 자신의 모습을 보지 못한 채 오히려 그 속에 갇혀버리게 할지도 모른다.

무술이나 격투기를 익히고 발전시키는 과정이 결국 자기와의 싸움이라면, 최면의 깊이를 더해가는 것은 자기 자신을 발견하고 자신에 대해 알게 되는 점진적인 성장 과정과 함께하는 것이라 할 수 있다.

물론 무술이나 격투기 또한 궁극적으로는 자기와의 싸움을 넘어 자기와의 소통으로 전환되는 과정을 만나게 될지도 모른다.

지금 저자는 표층적인 몇 가지 최면 유도 기술이나 유희에 급급한 아마추어적 입장에서 말하고 있는 것이 아닌, 표면적 층을 넘어선 깊이를 추구하는 전문인으로서의 입장에서 말하고 있는 것이다.

최면이라는 도구는 우리의 의식, 무의식, 잠재의식과 직접적으로 함께하는 분야이다. 이 과정은 결국 자기성찰과 의식적, 영적 성숙과 성장의 과정이 포함되는 것이다.

여기에 '완성'이라는 단어는 없다. 우리 모두는 그 '과정' 위에 있을 뿐이다.

이 과정의 핵심적인 기반이 되어야 하는 것은 세련된 기술도 용어도 아닌, 자기 자신에 대한 '관찰'과 '이해' 그리고 '중심'이다.

여기에서 말하는 이해와 중심은 단지 심리학적 지식이나 머리로 구조화시키는 것만을 뜻하지 않는다.

만약 학문적, 지식적 자원들을 채우는 것이 자신에 대한 앎이라고 한다면 해당 분야의 교수나 선생님들은 모두 자신에 대해 잘 알고 스스로와 소통되며 매우 건강하고 성숙한 에고의 모습을 갖추어야 할 것이다.

그러나 안타깝게도 진정한 자신에 대한 앎과 통찰은 그러한 단어적 지식이나 정보들로 이루어진 리소스(자원)에서 나오는 것이 아니다.

분야를 막론하고 누군가의 머릿속의 창고에 아무리 많은 언어와 이미

186

지로 된 지식과 정보들이 쌓여 있다 하더라도, 자기 자신을 똑바로 바라보고 대면할 수 있는 성숙함이 부족하다면 그 지식은 그저 자기도 모르는 무의식 속의 기억과 감정, 생각, 욕구 등에 휘둘리고 있는 무의식을 충족시키기 위한 개인적인 장난감이 될 뿐이다.

단지 머릿속의 지식을 축적하는 것과 개인의 변화와 성장은 완전히 별개의 트랙인 것이다.

어쩌면 우리에게 가장 어려운 것이 남을 관찰하기에 앞서 자신을 관찰하고 자신에 대해 진정으로 이해하는 것일지도 모른다.

이와 관련된 행위들은 걸음마를 하는 초기에는 매우 피상적으로 여겨질 수 있지만 장기적으로 큰 가치를 불러오는 것이다.

그것은 자신의 에고적 차원과 잠재의식 차원을 모두 포함한다. 그런 '자기 자신'에 대한 이해는 곧 '타인'에 대한 이해와 상호작용하며 '우리'에 대한 이해로 확장되어 나갈 것이다.

결국 이것은 우리의 내면을 완전히 달라지게 만들며, 이는 곧 우리 에고의 존재 수준을 다르게 만들어 삶의 모든 것을 변화시키는 현실로 이어지게 한다.

최면 상담사의 성장과 중심

앞서 언급한 것들은 특히 최면상담에 초점을 두는 경우 더욱 중요하게 여겨져야 할 것들이다.

최면상담사라는 직업은 많은 사람을 만나고 그들의 목표를 이룰 수 있도록 상담을 통해 가이드하며 때때로 내담자의 인생 경로가 바뀌는 데 크게 일조하기도 한다. 이 과정에서 내담자와 함께 기뻐하기도 하고, 슬퍼하기도 하며, 때로는 함께 눈물을 흘리기도 하고, 내담자의 긍정적인 변화에 크게 자긍심과 뿌듯함을 느끼기도 한다.

그렇지만 상담사는 궁극의 힐러가 아니다. 상담사 역시도 한 명의 인간인 이상 특정 에고 파트의 입장에서 상대방을 바라보기 때문이다.

전작에서 저자는 관찰자 효과와 현실 창조에 대해 언급했었다.

우리의 의식 상태가 특정한 내적 자원에 고착된 이상, 상대를 있는 그대로 바라볼 수 없으며 그것은 우리의 관찰자 상태에 영향을 미친다.

이러한 상태에서는 우리가 '정화'라 부르는 작용은 결코 일어나기 어렵다. (호오포노포노 등의 분야에서 말하는 정화 역시 마찬가지이다.)

따라서 그러한 '정화'의 측면에서 상담사가 특정한 동정이나 연민의 감정으로 내담자를 바라보는 것 또한 진정한 정화의 자세는 아니다.

그것이 아무리 보편적인 긍정의 감정일지라도 이미 그 자체로 그들을 있는 그대로 보는 것은 불가능하기 때문이다. 이미 내담자를 관찰하는 상담사의 상태가 하나의 에고 파트의 입장을 취하고 있으며 그러한 필터 속에서 바라보는 내담자의 모습은 순수한 그들의 본질이 아니다.

그러한 측면에서 상담사라는 직업을 가진 사람들은 타인과의 상담이나 개입에 못지않게 자기관찰과 자기성장을 포함한 자기정화 과정을 전제로 깔고 가야 한다.

이것은 눈에 보이지 않게 일어나는 과정이지만, 상담사의 성장에 따라 내담자들 또한 보이지 않는 상호작용이 일어나게 된다.

얼마 전 우연히 TV에서 한 시민이 자신이 최면을 받았던 경험담을 말하는 장면을 보게 되었다. 그 이야기에 따르면 해당 사례자는 남편과의 관계 악화로 억눌린 감정을 해소할 길이 없어 어떻게 알게 된 최면상담소를 찾아갔다고 한다.

최면 과정에서 남편에 대한 자신의 감정을 토해내며 나름 잘 진행이 되던 중 자신의 사연을 듣던 최면사가 흥분하여 "남편과 헤어지세요. 그런 나쁜 사람과 함께 살면 안 됩니다"라며 이혼을 강하게 권하더라는 것이다.

이에 사례자는 매우 기분이 상했다고 한다. 왜냐하면 남편에 대해 화가 나 있는 것은 맞지만, 그 정도로 나쁜 사람이라 생각지는 않았고 헤어지고 싶은 생각 또한 없었기 때문이었다.

저자는 이 얘기를 듣고 실소를 감추지 못했다. 그 이야기만 들어도 해당 최면사가 최면상담의 기본도 갖추지 못한 사람이라는 것을 알 수 있었기 때문이었다. 물론 그 최면사가 그렇게 말한 이유가 단지 최면상담에 대해 정식으로 훈련받지 못한 사람이었기 때문일 수도 있고, 그냥 그 사람의 개인적 성격이나 성향 탓일 수도 있다.

전자의 경우라면 당연히 상담가의 자격이 안 되는 것이고, 후자의 경우라면 자신이 어떤 에고 파트의 입장을 취하고 있는지 스스로를 보지 못하는 것이다.

우리는 대개 이런 상태에 빠져 있을 때 자신이 스스로의 무의식의 자원에 휘둘리고 있다는 사실조차 인식하지 못한다. 어느 경우라 하더라도 훈련받은 최면상담사로서 부적절한 것이다.

최면상담은 내가 전지전능하게 모든 사람들의 문제에 대한 해결책을 알고 있어서 내가 생각하는 답을 그 사람에게 주입하거나 강요하는 것이 아니다. 이미 자신의 입장을 그런 지위에 두고 있다는 것은 상담사의 자세가 아니며 내담자 중심 접근에서도 크게 벗어나는 것이다.

위 사례자의 경우, 이 상담의 결과로 남편과 헤어지게 될지 더욱 돈독하게 될지 등의 여부는 사례자가 내적인 자원들에 더 이상 영향받지 않는 조화로운 상태가 되었을 때 스스로 자신에게 가장 유리한 답을 찾게 될 것이다. 그것은 최면사가 결정해줄 수도 없고, 결정해서도 안 되는 부분이다.

에고의 성숙은 머릿속 지식으로 만들어지는 것이 아니다. 오히려 그런 자신의 지식과 자원을 분리하고 관리할 수 있는 위치에 설 때 더 큰 성숙이 찾아온다.

사실 스스로의 정화가 생활화되어 있지 않은 사람들에게 나의 특정 자원의 개입 없이 상대방을 바라본다는 것은 매우 어려운 것이며 말처럼 쉽게 이루어지지도 않는다.

따라서 그것이 잘되지 않는다고 좌절할 필요도 없다. 대부분의 사람들에게 그러한 차원으로 도약하는 것은 매우 점진적인 과정이기 때문이다.

어쩌면 이 글을 읽는 누군가는 이미 자신의 모든 자원을 관리하는 수준에 도달해있다고 말할지도 모르겠다.

만약 그 누군가가 정말 그러한 차원에 도달했다면, 상담이라는 언어적인 개입 자체가 무의미해졌을 것이고 그 누군가는 이미 상담소의 '치료사'나 '상담사'라는 정체성에서 벗어나 있을 것이다.

변화의 범위와 최면사의 제한

그럼 대체 최면이라는 도구로 어느 정도 범위까지의 변화를 일으키는 것이 가능한 것인가?

앞서 저자는 최면이라는 도구가 완벽한 도구는 아니라고 언급한 바 있다. 그리고 실제 현실의 직업적인 필드에서 또한 그 사용 범위는 제한될 수 있다.

의료 현장에서 적용하는 진단이나 치료적 범위, 즉 의료인의 범위와 무대에서 공연하는 예술인의 범위는 같을 수 없을 것이다. 특히 직업적인 최면상담사의 경우, 의료적 목적으로 진단이나 처방을 할 수 없음은 당연하다. 그러나 이것이 최면이라는 도구 자체가 가진 제한을 뜻하지는 않는다.

우리의 몸은 머리에서 발끝까지 바뀌지 않는 것이 없다. 마음은 우리의 DNA 구조까지 바꿀 수 있다고 하지 않던가.

최면을 실행하는 것이 우리의 잠재의식이란 것을 안다면, 그 잠재의식이 일으키는 변화 가능성에 대한 이해는 더욱 쉬워질 것이다. 우리의 잠재의식은 변화의 범위를 제한하지 않으며, 모든 의식적인 그리고 물리적인 측면을 능가할 수 있다.

오직 변화의 능력과 범위를 제한하는 것은 미성숙한 에고 속에 갇혀있는 우리의 현재의식일 뿐이다. 그것이 제임스 라메이 선생이 "OPEN Your Mind! (마음을 열어라!)"라는 말을 그의 첫 수업의 시작부터 수없이 강조해왔던 이유 중 하나이다.

우리의 사고는 계층화된 구조로 되어 있다. 상향적인 사고와 하향적인 사고 모두 좋지만 이 역시 한쪽으로 치우치는 것은 또 다른 고착을 만든다.

우리는 언제나 상향적 사고와 하향적 사고를 넘나들며 오갈 수 있어야 한다. 그렇게 흐를 수 있다는 것은 곧 의식의 유연함을 뜻한다.

유도자의 믿음에 있어 제한을 가지거나 없애는 것은 내담자와의 상태유도에서도, 개입상담에서도 모두 영향을 줄 수 있다.

가끔 최면을 배우는 학생들 스스로가 "최면으로는 어느, 어느 정도 영역까지만 변화 가능해"라고 하는 제한적 신념이 반영된 말을 하는 것을 보곤 한다.

그러나 과연 그것이 사실일까? 이러한 신념들은 그들의 고정관념과 기학습된 지식들이 드러나는 것으로, 전형적인 에고적 사고에서 나오는 제한일 뿐이다. 최면을 배우는 학습자들은 먼저 자신의 이러한 제한에서 자유로울 필요가 있다.

그것을 넘어설 수 있는 최면이라는 훌륭한 도구를 손에 쥐고도 사람들은 스스로의 제한으로 인해 그 안에서만, 딱 자신이 믿고 허용하는 그만큼만 세상을 경험하게 될 수 있다.

1952년, 영국의 한 병원에 온몸 대부분이 수많은 사마귀로 뒤덮여 있는 15세의 소년 환자가 있었다. 팔다리는 코끼리 피부와 같았고 갈라진 피부 사이로 피와 진물이 나오고 있었다. 이에 성형 전문의인 무어는 소년의 손가락에 자가 피부 이식술을 시도하고 있었다.

이전에 최면으로 사마귀를 치료해본 경험이 있었던 마취 전문의 메이슨이 옆에서 그것을 보다가, 그 소년의 문제를 단지 극심한 사마귀라고 여겨 그냥 최면을 한번 시도해보자고 제안했다. 이에 무어 역시도 그냥 건성으로 "그럼 한번 해봐"라고 말했다.

다음날, 메이슨은 한쪽 팔부터 해보기로 하고 소년에게 최면을 유도한 뒤 "이 팔은 다 나아서 붉은 새살이 돋아난다"라는 요지의 암시를 주었다.

일주일 후 다시 만난 소년의 한쪽 팔은 반대쪽 팔과 크게 비교될 정도로 깨끗해졌다.

메이슨은 이 모습을 무어에게 보여주며 "보세요, 사마귀는 이렇게 최면으로 잘 돼요"라고 말했다.

무어는 이 모습을 보고 매우 놀라며 이렇게 말했다. "하나님 맙소사, 이건 사마귀가 아니야. 선천성 어린선형 홍피증 이라는 불치병이란 말이야!"

사실 이 병은 단순한 사마귀가 아니었고, 온몸에 사마귀로 뒤덮인 틈 사이로 전신출혈과 감염이 일어나 대부분 소년기를 넘기지 못하고 사망에 이르는 무서운 선천성 유전 질환의 하나였던 것이다.

메이슨은 최면을 사용해 계속해서 이 소년을 치료했고 결국 완치시켜 그 결과를 한 의학저널에 발표하면서 큰 유명세를 타게 되었다.

이후 그에게 수많은 비슷한 불치병 환자들이 찾아왔지만, 안타깝게도 더 이상 기적은 일어나지 않았다. 나중에 한 다큐멘터리 방송에서 그는 이것에 대해 이렇게 말했다.

"사실 첫 번째 사례 이후로 전 연기를 한 거예요. 전 이제 그게 불치병이란 것을 알았고 제가 치료할 자격도, 능력도 없다고 생각했어요. 아마도 이런 속마음이 전달되었을 거예요."

40년 후의 그 소년은 여전히 건강하게 살아 있었고, 한 의사의 순진한 무지가 소년의 마음이 유전자에 영향을 주게 함으로써 오히려 유전성 질환을 완치시켰던 것이다.

이러한 사례는 결코 일반적이거나 흔한 사례는 아니다. 그러나 당신의 에고가 아무리 부정하려 한다 해도 최면의 역사에서 우리 의식이 생각하는 우리의 마음과 물리적 한계, 우리의 생각이나 상식, 지식을 넘어서는 기적과 같은 사례들은 차고도 넘친다는 사실을 기억하라.

과학적 지식이나 정보는 시대와 역사적 흐름, 문명의 발전에 따라 언제든 업데이트될 수도 있고, 완전히 뒤집힐 수도 있는 것이며 매우 불완전한 것이다.

해당 시대의 의학적 지식이나 과학적 상식에 기반을 둬 이 가능성을 제한하는 것은 적어도 최면가로서 가져야 할 자세는 아니다.

앞선 언급처럼 지구 상에서 기존 지식이나 상식을 벗어난 기적 같은 일들은 생각보다 빈번히 일어나며 그것을 만들어내는 것은 에고가 만든 협소한 정보들 속에 갇혀 있는 의식에 의한 것이 아니다.

대개 그것은 잠재의식에 의해 일어나며 우리의 잠재의식은 에고가 습득한 지식이란 것에 영향을 받거나 그런 틀 속에 갇혀 있지 않다. 애석하게도 인간의 마음이나 잠재의식에 대한 것은 전체의 1%조차 밝혀지지 않았다.

이 은유적 수치가 다소 와닿지 않는다면 이 우주를 생각해보자. 우리의 의식이 이 우주의 작동 원리를 얼마나 이해하고 있다고 생각하는가?

우리가 겪는 이 세상은 '이해'가 아닌 '경험' 속의 무대이다.

실제로 많은 사람이 이 우주를, 아니 우주를 넘어선 세상을 에고적 또는 논리적 사고방식과 언어라는 도구로 가두려 하지만, 이 세상은 결코 그들의 사고 속에 갇혀 있지 않다.

실망할지도 모르지만 세상은 결코 그런 에고의 논리나 눈높이에 맞추어 구성되어 있지도 않고, 움직여주지도 않는다. 이것은 마치 수족관 속의 물고기가 지구 상의 육지 세상을 인식하는 것과 크게 다르지 않을 것이다.

우리는 최면가로서 모든 세상을 최면이라는 틀로서만 바라보려는 시도를 경계해야 한다. 우리의 마음 또한 우주와 같으며 이는 우리가 경험하는 물리적인 실체와 연동되어 돌아간다.

앞서 저자는 도구란 사용하는 사람에 따라 그 가치가 달라짐을 강조한 바 있다. 최면가로서 자신의 에고적 틀을 넘어서지 못한다면 최면사라는 기반은 없는 것과 같다.

분명 최면은 만능이 아니며 현실적으로 다룰 수 있는 범위 또한 제약될 수 있지만, 우리는 잠재의식의 범위를 제한할 수 없으며 그것은 언제든 물리적 측면을 넘어설 수 있다.

잠재의식의 무한한 가능성을, 편협하고 고착된 표면의식이 제한하는 행위는 최면가라는 자신의 정체성을 부인함과 동시에 잠재의식을 부인하는 것이며 스스로의 성장을 가로막는 것이다. (이것은 마음의 제한을 열어두라는 의미이며, 법적으로 자격되지 않은 범위를 침범하라는 의미가 아니다.)

특히 깊이를 다루고 잠재의식과 함께 작업하는 최면사에게 이러한 마인드는 매우 중요한 요소이다. 이것은 최면이나 사람들의 잠재의식을 상대하고자 하는 사람들이 지녀야 하는 당연한 마인드이지만, 우리는 자신도 모르게 매 순간 그것을 망각하고 있다.

당신 안에서 최면이나 마음의 힘을 제한하는 믿음이나 신념은 무엇인가?

우리의 능력과 범위를 제한하는 것은
에고 속에 갇혀 있는 우리의 현재의식일 뿐이다.

에고를 넘어서
(Beyond Ego)

앞선 장에서 우리는 의식과 무의식의 연동된 구조 속에서 형성된 착각에 빠져 있는 에고의 모습을 보았다. 이것은 바로 우리 자신의 모습이다.

그리고 그런 오해와 착각, 고착에서 벗어나는 데 도움을 주는 도구 중 대표적인 최면적 접근에 대해 알아보았다.

에고의 고착에서 하나씩 벗어나기 시작하는 것은 그 자체로 에고를 넘어선 우리의 본질인 잠재의식에 다가가는 길이다. 이장에서는 그와 연관된 추가적인 언급을 할 것이다.

완벽한 출산과 잠재의식

전작에서 충분히 설명했다시피 에스데일 상태는 깊은 섬냄불리즘을 넘어선 최면의 또 다른 영역이다. 1800년대를 살았던 제임스 에스데일이란 의사에 의해 발견된 상태로, 그는 초기에 자신의 환자를 이러한 상태로 유도하기 위해 메즈머리즘을 사용했었다.

이것을 구현하는 방법은 세월이 흐르며 사장되는 듯했으나, 20세기에 들어 데이브 엘먼이라는 최면 천재가 등장하면서 메즈머리즘이 아닌 현대적인 언어 형태의 최면을 사용해 동일한 상태를 재구현하는 방법이 발견된다.

이것은 애초에 제임스 에스데일 박사가 했던 것과는 전혀 다른 측면의 접근으로 '메즈머리즘'이 아닌 '최면'이라는 방식을 사용한 새로운 접근이었다. 초기에 이것은 '코마 상태'라는 부적절한 이름으로 불려 왔지만 발견자의 이름을 빌려 다시 명명되었다.

그리고 이 발견은 동시대를 살았던 월터 씨코트라는 최면 대가가 최면의 깊이와 최면을 통한 의식의 접근에 관해 새로운 문을 열게 하는데 일조했고, 나아가 그의 제자였던 제임스 라메이 선생이 UD 프로세스의 체계를 정립하도록 이끌었다.

결국 울트라 뎁스® 프로세스의 기술적 기반에 대한 아이디어를 제공한 인물은 데이브 엘먼 선생이었고 당시 그와 친분이 있었던 월터 씨코트 선생은 그 상태들을 이용해서 더 깊은 연구를 하고 있었다.

하지만 오늘날의 최면계에서 데이브 엘먼 선생이 첫 문을 열었던 에스데일 상태의 구현은 극히 일부의 경우를 제외하고는 동일한 상태를 찾아보기 어렵다. 여기에는 여러 가지 이유가 있지만 간략히만 서술할 것이다.

따라서 많은 2세대 패러다임을 지닌 최면가들이 여전히 에스데일 상태에 대해 많은 오해와 그릇된 지식들을 갖고 있다.

유튜브 등에 업로드되는 해외의 다양한 에스데일과 연관된 영상들을

최면, 써드 제너레이션 : 에고를 넘어서

검토해보면, 그들의 주장과는 달리 그들이 모조 상태와 진정한 상태를 구분할 수 없으며 대부분 진짜 에스데일 상태와는 거리가 멀다는 점을 알 수 있다.

그럼 전작에서 충분히 언급했지만 독자들의 상기를 돕기 위해 에스데일 상태의 대표적인 특징에 대해서만 간략히 언급해보겠다.

에스데일 상태에서 일어나는 대표적인 반응은 암시 없이 일어나는 자동적인 전신마취이다.

이때 의식은 신체에 대한 자각이 없으며 자의적으로 팔다리를 움직이거나 눈꺼풀을 움직일 수조차 없다. 물론 이것 역시 어떤 암시에 의한 결과로서 만들어지지 않아야 한다.

그러나 피험자는 의식적 자각이 있으며 주위의 소리 또한 들을 수 있다. 그리고 '카타토닉'이라고 부르는 독특한 경직 현상이 일어난다. 이것은 가벼운 상태에서 암시를 통해 외부 근육을 긴장시키는 '카탈렙시'와는 완전히 다른 현상이다.

일체의 언어적 암시는 없고 외부 근육이 아닌 깊은 골격근에 경직이 일어나며 무엇보다 이것을 통제하는 주체는 더 이상 의식이 아니라 피험자의 잠재의식이다.

이것의 진짜 의미는 잠재의식이 물리적인 신체를 통제하기 시작하는 '대사건'인 것이다.

에스데일 상태

알려진 에스데일 상태의 이점은 무마취(화학적 마취 없는) 외과수술을 위한 최적의 상태라는 것이다.

또한 이 상태는 무통출산을 위한 이상적인 상태이기도 하다. 정말 에스데일을 성취한 상태에서 출산할 수 있다면 무엇보다 이상적이고 행복한 출산 경험이 될 수 있을 것이다.

자, 그럼 여기서 의문이 생긴다.

출산의 과정은 근육의 수축과 이완이 필요하다. 즉, 이완만 필요한 것이 아니라 적절한 순간의 긴장 또한 필요하다는 것이다.

앞서 에스데일 상태에서는 유도자가 아무리 옆에서 암시를 주더라도 결코 그 지시대로 근육을 긴장하거나 이완하거나 선택할 수 없다고 했다. 의식이 신체를 통제할 수 없는 상태이기 때문이다.

내담자가 자신의 몸도 통제할 수 없는 이 상태에서 어떻게 완벽한 출산이 가능하다는 것일까?

제임스 라메이 선생의 일화를 하나 소개하겠다. 1979년, 제임스 라메이 선생은 이전에 최면출산 유도에 대한 경험이 없었다.

그러나 최면의 기법과 과학적인 측면에 대한 확신이 있었기에 자신의 딸을 출산하는 아내에게 그것을 적용하기로 했다. 그러나 그것은 실수였고 젊은 시절의 자신감일 뿐이었다.

훗날 그는 당시의 자신이 여성의 몸에 대해 몰라도 한참을 몰랐었다고 회상했다. 그냥 깊은 상태에서 최면 암시로 아내의 자궁을 이완시키면 될 것으로 생각했던 것이다.

결론적으로 그는 분만실에서 깊은 섬냄불리즘 상태에 든 아내에게 자궁을 더욱 이완하라고 암시했고 그것은 자궁을 더욱 닫히게 만드는 결과를 초래했다.

그런 위험한 위기 상황을 우여곡절 끝에 넘겼지만, 나중에 그의 스승인 월터 씨코트 선생과 그 일에 관해 이야기했다가 매우 심하게 혼이 났다고 한다. 씨코트 선생은 앞으로 다른 여성의 출산 작업을 돕고 싶다면 먼저 여성의 몸과 생식 체계에 대해 충분히 배우라고 말했다고 한다.

이 사건을 계기로 제임스 라메이 선생은 훗날 매우 안전하며 이상적인 형태의 울트라 뎁스® 출산 프로그램(UD-Assisted Birthing©)의 체계를 정리하게 되었다.

여담이지만 이 일화는 울트라 뎁스®라는 할리우드 영화가 제작되려 할 때 아내를 잃는 충격적인 극적 설정으로 바뀌어 스토리에 삽입되기도 했다. (안타깝게도 시나리오 완성 및 배우 섭외까지 진행되던 상황에서 제작사의 내부 문제로 영화는 잠정적으로 중단되었다.)

그럼 다시 에스데일 상태를 돌아보자. 이 상태는 유도자의 암시도 통하지 않으며 피험자도 스스로 몸이나 근육을 통제할 수 없다. 이러한 상태에서 어떻게 완벽한 출산이 일어날 수 있을까?

결국 이것의 키(Key)는 잠재의식이 쥐고 있다.

놀랍게도, 비록 피험자의 의식은 이것에 대해 아무런 인식이나 노력이 없지만 물리적인 신체의 통제력을 갖기 시작한 잠재의식은 이 모든 과정을 스스로 주도하고 완벽하게 마무리한다.

이 과정에서 결코 사고는 없으며 의식적인 노력으로 해내는 동일한 절차에 비교할 수 없을 만큼 안전하게 진행된다. 또한 출산 이후의 빠른 회복을 촉진할 수 있다.

특히 추가적으로 씨코트 상태를 성취한 피험자라면 출산 후 곧장 씨코트 상태에서 머물며 자가 치유의 속도를 극대화할 수도 있는 것이다.

아마도 빠른 독자들은 뭔가를 눈치챘을지도 모른다. 이런 종류의 깊이 이상을 체험하게 되는 피험자의 내면에서 얼마나 엄청난 지각변동이 일어날지를 말이다.

물리적인 신체를 통제할 수 있을 만큼 '오버라이드' 되는 경험을 한 잠재의식이, 남아 있는 당신의 삶에서 어떤 역할을 하게 될지 생각해보기 바란다.

이것은 사실 필자 역시 십수 년 전에 막연히 생각했던 단지 깊이를 성취하는 것, 그 수준과는 비교조차 할 수 없는 엄청난 대사건이다.

상위자아 파트와 잠재의식

전작과 앞부분에서 저자는 울트라 뎁스® 프로세스를 진행하는 중에 조우하게 될지도 모르는 내담자의 잠재의식에 대해 언급한 바 있다.

이것은 주로 씨코트 상태라 불리는, 내담자의 의식이 배제된 특정한 상태에서 내면의 가장 스피리츄얼한 부분과 만나게 되는 의미 있는 경험이다.

전작에서 언급했던 것처럼 에드가 케이시라는 예언가가 겪었던 상태 또한 이와 동일한 상태이며 그가 특정 상태에 들었을 때 수많은 리딩과 예언을 행했던 주체는 바로 그의 잠재의식이었다.

월터 씨코트 선생과 제임스 라메이 선생은 그들의 생전에, 각각 내담자들과의 작업에서 많은 잠재의식들과 직접적으로 소통해왔었다. 저자 또한 지금까지 여러 명의 잠재의식을 만나왔고, 그들은 우리에게 놀랍고 많은 것들을 알려주었다.

그들 모두, 기적을 보여주었던 예언가 에드가 케이시의 그것과도 놀랍도록 유사한 면들을 보여주었지만 저마다 인생의 목적이 달랐다.

여기까지만 듣는다면 많은 사람들이 씨코트 상태에만 들면 잠재의식이 튀어나와 온갖 미래의 이야기들과 신통력을 부려줄 것이라 생각하지만 그것은 우리들 에고의 짧은 생각일 뿐이다.

우리 각자의 잠재의식은 에드가 케이시의 잠재의식과 동일한 목적을 가지고 있지는 않다. 각자의 영적 성장의 길 위에서 현재 삶이 걷고 있는 자신의 위치는 모두 다르다.

하지만 비록 현재 삶에서의 목적과 위치는 모두 다르다 하더라도 우리 각자의 본질적 에너지인 잠재의식은 자기 자신에 대해 모든 것을 알고 있으며 때때로 놀랄만한 것을 말해주기도 하고 그것을 현실에서 보여주기도 한다.

그렇다면 씨코트 상태를 다루는 울트라 뎁스® 프로세스가 아닌, 일반적 깊이를 다루는 최면에서도 이런 잠재의식을 만나게 되는 경우는 없을까?

결론부터 말한다면 당연히 '있다'. 심지어 굳이 최면 상태가 아니라 하더라도 생활 속에서 경험하는 일상적인 각성 상태에서조차 순간순간 잠재의식이 개입하는 경우는 있다.

그럼에도 불구하고 일반적으로 잠재의식이, 의식과 무의식의 방해 없이 쉽게 드러나며 최대치로 활성화될 수 있는 가장 최적의 상태는 단연코 의식의 개입이 없는 씨코트 상태임에는 분명하다.

많은 평범한 최면사례나 일반적인 최면 경험 중에도 종종 내담자의 잠재의식이 개입하기도 한다. 최면사들의 다양한 사례를 살펴보면 마치 씨코트 상태에서 그런 것처럼 잠재의식이라고 여겨지는 상위적인 대상과 언어로 대화를 나누었다는 기록을 종종 접하게 된다.

물론 그것을 경험한 상태는 의식이 여전히 개입하고 있는 비교적 가벼운 최면 상태인 경우도 드물지 않다. 어떤 사람들은 이를 내담자의 잠재의식과의 대화로 여기기도 하고, 또 다른 용어를 사용하는 사람들은 내담자의 '상위자아'와 만났다고 말하기도 한다.

물론 이들의 사례 중 실제로 우리가 말하는 내담자의 잠재의식과 교류한 사례도 포함되어 있을 것이다. 그러나 대개 완벽한 씨코트 상태가 아닌 상태에서 일어나는 이러한 사례들은 내담자의 잠재의식이 아니라, 내담자의 깊은 무의식의 자원에 기반을 둔 에고 파트와 나눈 대화일 가능성이 크다.

잠재의식과 에고 파트는 그 기원부터가 다르며 에고 파트는 우리의 뇌와 무의식, 데이터들에 기반을 두는 것이다.

저자는 울트라 뎁스® 전문가이기도 하지만 그에 앞서 일반 최면의 파츠 테라피 전문가이기도 하다. 따라서 저자는 개인적으로 이러한 내담자들의 무의식의 표면 파트 및 기저부의 파트들과 십수 년 이상 셀 수 없는 최면 작업을 해왔고, 나아가 UD의 씨코트 상태를 다루면서 몇몇 사람들의 잠재의식과 언어적인 소통의 기회를 갖기도 했기 때문에 이들의 차이에 대해 관찰할 수 있는 많은 기회를 가졌고 그것에 대해 말할 수 있는 소수의 사람 중 하나이다.

내담자 중심 파츠 테라피를 비롯한 많은 파트 컨셉을 사용하는 유사 이론과 체계들에는 공통적으로 보고하는 한 가지 개념이 있다.

그것은 바로 '상위자아', '상위적 힘' 또는 '내면의 힘' 등의 이름으로 불리는 내담자 내면의 독특한 파트들에 관한 것이다. 비록 첫 시도에서 이들에게 접근하기는 매우 어려울 수 있지만, 이는 모든 사람들의 내면에 지니고 있는 파트로 여겨지고 있다.

이들과 일반적인 에고 파트 사이에는 확연한 차이점이 있지만, '내면의 힘' 파트는 일반적인 파트에 적용되는 방식과 동일하게 작동한다. 그러나 역할이 극적으로 바뀌기도 하는 일반적인 에고 파트와는 달리 이들은 자신의 역할에 대해 지속적인 일관성을 유지한다.

이들은 종종 내담자가 태어날 때부터 이미 함께했으며 내담자의 인생 목적과 같은 상위적 지식을 갖고 있다고 주장한다. 또한 이들은 때때로 의식이 알 수 없는 수많은 정보를 갖고 있고 그것을 현실에서 증거로 보여주기도 한다.

이러한 진술들은 UD에서 경험하는 잠재의식의 그것과도 어느 정도 유사성을 가진다.

그러나 명백히 '내면의 힘'이라 불리는 이들은 파트적인 특성도 함께 지닌다. 만약 이러한 파트에 제대로 접근될 수 있다면 그것은 분명 잠재의식으로부터 나오는 에너지를 크게 반영하는, 그것에 어느 정도 접근하고 있는 파트임에는 분명해 보인다.

그러나 이들은 우리가 말하는 순수한 잠재의식 그 자체는 아니다. UD에서 접하게 되는 잠재의식은 훨씬 더 순수한 에너지이며 이러한 정보와 데이터에 기반을 둔 에고 파트와는 완전히 분리되어 있다.

많은 UD 초보자들이 겪게 되는 실수 중에 하나는 이것을 익히는 과정에서 완전히 씨코트 상태가 안정화되기 전에(씨코트 상태 역시 얕은/중간/깊은 상태로 구분된다.) 성급하게 언어적으로 잠재의식과 대화를 시도하려는 것이다. 그리고는 내담자의 잠재의식과 대화를 나누었다고 기뻐하기도 한다.

씨코트 상태를 유도하는 과정에서 비록 내담자의 의식이 없다 하더라도 완벽히 안정화되기 전까지 언어적인 소통을 금기시키는 데는 그만한 이유가 있다. 성급한 시도로 얻어지는 결과는 오히려 상태를 얕게 만들고 그들의 기저부의 심층에 있는 에고 파트를 불러오는 결과를 가져올 수 있기 때문이다.

우리의 깊은 무의식 속 프로그램들이 얼마나 정교하고 교묘한지 아는가? 그들은 정말 마치 상위자아인 듯, 그럴듯한 통찰 있는 메시지들을 전할 수도 있고 감동적인 메시지를 전할 수도 있다.

그러나 이를 좀 더 떨어져서 관찰해본다면 그러한 메시지의 맥락 자체가 한 사람의 고질적인 깊은 패턴이 반영되어 표현되는 것일 수 있다. (물론 이것을 발견하는 것 자체도 그 내담자에게는 또 하나의 처리할 수 있는 기회가 되며 이 사람의 일생의 근간에 흐르는 에너지를 다루는 것이므로, 이것을 볼 수 있는 눈만 가질 수 있다면 그것은 그 내담자의 인생의 질을 바꾸는 측면에서도 매우 의미 있는 일이 될 것이다. 그것은 우리의 성장에 현재의식의 역할 역시 중요하다는 하나의 이유가 된다.)

에고 파트의 표현은 끈끈한 접착제와 같이 뭔가 고착되어 있는 다른 내부의 자원에 연합되어 나온다. 반면 잠재의식의 표현은 반대로 모든 내적 자원으로부터 분리될수록 선명해지게 된다.

말 그대로 순수한 본연의 상태에 다가가는 것이다. 이는 결코 그것을 경험하는 스스로가 정확히 구분해낼 수 없다. (그러나 구분한다는 혼자만의 착각에 빠질 수는 있다.)

따라서 UD 전문가들은 이러한 심층 패턴에 속지 않도록 늘 깨어 있는 중심을 가져야 하며 더욱 안정화된 상태를 유도하는데 주력해야 한다. 잠재의식 케오라의 표현에 따르면, 우리의 잠재의식들은 애초에 언어라는 도구로 소통하는 존재가 아니라고 했다.

따라서 잠재의식이 완벽하게 활성화되지 않은 상태에서 언어적으로 대화를 시도하는 것은 십중팔구 기저 무의식의 파트를 불러오는 결과로 이어진다고 한다. 왜냐하면 언어라는 것을 통해 물리적 세상을 경험하며 에고의 일부로 발전되어온 것이 바로 우리의 에고 파트이기 때문이다.

잠재의식의 말은 결코 틀리지 않는다. 그리고 그것이 한낱 공상이 아니라는 증거는 물질 세상인 현실에서 드러나게 된다. (전작에서 언급했듯이 여기서 말하는 케오라는 잠재의식은 검증되고 안정화된 씨코트 상태에서 드러난 순수함에 가까운 잠재의식이다.)

최면, 써드 제너레이션 : 에고를 넘어서

지금 저자가 언급한 것들은 매우 중요하게 다루어져야 할 정보이며, 부디 이러한 정보가 향후 UD 전문가들을 비롯한 최면으로 더 깊은 내면을 탐구하고자 하는 욕구를 가진 사람들에게 중심을 더욱 탄탄히 해나가는 데 있어 도움이 되었으면 한다.

그것이 저자가 이 지면을 빌어 이런 소중한 경험과 잠재의식으로부터 온 지식의 일부를 공개하는 이유이다.

감각 차단

우리는 오감(시각, 청각, 촉각, 후각, 미각)을 통해 외부를 인식한다. 그런데 과연 이런 오감을 차단한다면 어떤 일이 벌어질까?

이것에 대한 1950년대 이전의 학설들은 감각 자극이 사라지면 뇌는 자동적으로 잠에 빠져들 것이라고 말하기도 했고, 또 다른 학설은 외부 자극이 차단되더라도 내면의 자율 활성 장치에 의해 의식 활동이 유지될 것이라고 말하기도 했다.

그러나 완전한 감각 차단을 만들 수 없었기에 그 답을 알 수 없었다. 그러던 중 1954년, 신경 정신과학자인 존 릴리라는 사람이 외부 감각 자극을 최소화하는 장치를 개발하여 스스로가 대상자가 되어 실험을 시작했다.

그가 만든 것은 바로 '격리 탱크(isolation tank)' 또는 '감각차단 탱크'

라는 것이었다. 이것은 빛과 소리를 완전히 차단한 탱크 속에 사람과 동일한 비중을 가진 액체를 놓고 그 온도를 체온에 맞추어 유지시키고 산소마스크를 쓴 채 옷을 벗은 상태로 들어가는 형태였다.

물속에는 농도를 짙게 하기 위해 황산마그네슘이 들어가 있어 몸이 둥둥 뜨게 된다. 이것은 나중에 산소마스크를 제거하고 그냥 무중력 상태처럼 힘을 뺀 채 누워 있는 형태로 발전하게 된다.

이런 탱크 속에서 사람들은 다양한 체험을 보고했다. 트랜스와 같은 상태, 가벼운 환각부터 시작해서 너무나 선명한 현실적인 환각을 체험하기도 하고 완전한 존재감, 심지어 마치 종교적 깨달음이나 열반에 들어간 듯한 체험들을 경험하기도 했다.

이때의 의식은 외부 정보가 차단되면서 내부의 정보를 내부에서 처리하는 것으로 진행되며 무의식의 기억과 감정, 사고 등이 상상을 초월하는 다양한 형태로 의식 위에 나타났다. 이것의 육체적인 휴식과 회복, 스트레스 제거 효과로 인해 '사마디(Samadhi; 삼매) 탱크'라는 이름으로 상품화되어 치료시설이나 건강센터 등에서 활용되기도 했다.

릴리 그 자신은 이 실험을 계속하는 사이에 자아를 몸 밖에서 느끼거나 유체이탈이나 임사 체험과 비슷한 체험들을 반복하게 되면서 점점 뇌에서 일어나는 현상이 전부는 아니라고 생각하게 된다.

릴리의 체험 중 재미있는 부분은 이러한 경험 중 그가 '가이드'라고 부르는 어떤 존재들을 만났던 것이다. 릴리와 그들은 마치 텔레파시처럼 언어를 초월한 사고와 의미, 감정의 직접적인 교류가 있었다고 한다.

그러나 그는 자신의 논문에서 이러한 강력한 체험을 제외하고 비교적 약한 체험 몇 가지만을 기록했다고 한다.

가이드와의 만남 등 그 이상의 초월적인 얘기들은 동료들이 자신을 미쳤다고 생각할지도 모른다는 생각에 그는 당시 누구에게도 그것을 말하지 않았던 것이다.

너무나 선명하고 현실적이었던 그 사건들은 릴리에게 의식은 어디에서 오는가에 대한 답을 내릴 수 없게 만들었다.

체험 속에서는 모든 것이 수긍되고 납득되었지만, 의식이 몸으로 돌아와 탱크 외부로 나오게 되면 다시 비판적인 생각들이 올라왔기 때문이다.

영국의 저명한 작가이자 비평가였던 올더스 헉슬리는 자신의 책 『지각의 문』에서 철학자인 C.D.블러드의 견해에 동의하며 부연하고 있는데 긴 내용을 축약하면 이렇다.

우리의 뇌수와 신경조직, 감각기관의 주요 기능은 소거를 위해 존재한다는 것이다. 원래의 인간은 몸에서 일어나는 모든 일을 기억하고 우주의 무엇이건 지각할 수 있지만, 그런 대량의 불필요한 자극을 막고 압도와 혼란으로부터 보호하기 위해 실용적으로 유리한 특별한 의식 내용만을 선택하여 지각시킨다는 것이다.

마치 감량 밸브를 조여서 우주정신의 의식 가운데 인간이 지구라는 특수한 별의 표면에서 생존을 계속하기 위해 도움이 되는 극히 일부의 의식 내용만을 가지며 우리는 이것이 의식의 전부라고 믿고 있다는 것에 비유될 수 있다.

그러나 일부의 사람들은 조금은 다른 감량 밸브를 타고나거나 정신

215

훈련, 최면 등으로 그것을 여는 사람도 있다. 이런 맥락으로 감각 차단 탱크 또한 그런 방향으로 다가가게 하는 하나의 수단이라 볼 수도 있는 것이다. 그는 이것에 특정 약물의 사용을 포함시켰지만 이는 오늘날에도 여전히 논란거리로 남아 있다.

앞서 말한 감각 차단 상태는 깊이를 지향하는 최면에서 추구하는 그것과도 과정 중 일부 유사한 측면이 있다.

그러나 이 과정에서 당사자가 경험하는 것들이 단지 그의 무의식의 바닷속에서 허우적댄 것인지 잠재의식이 개입하여 뭔가 의미 있는 메시지를 준 것인지 알 방법은 없다.

신비체험 : 감각의 함정

오래전 저자에게 특이한 상담 문의가 들어온 적이 있다. 어떤 분이 자신이 20여 년 전 산에서 수행했던 기간이 있었는데 그 당시 자신이 깨달음의 경지에 이르렀었다는 것이다.

그렇게 깨달으신 분이 어떤 상담을 요청하실까 궁금함이 들어 여쭈어보니, 그 내용은 이랬다. 당시에 수행 중 한순간 뭔가 모든 것을 다 알 것 같고 우주와 하나가 되는 듯한 강렬한 느낌을 체험했었는데, 문제는 그것이 일회성이었다는 것이다. 그 이후로 그분은 다시는 그런 동일한 체험을 할 수 없었다고 한다.

그런 강렬한 신비체험을 하는 순간에는 자신이 모든 것을 깨달았지만, 지금은 아니기에 최면으로 다시 경험하고 싶다는 것이다.

그분은 자신이 명상 중에 우연히 감각적, 의식적으로 느꼈던 그 '일체감' 또는 '신비체험'을 '깨달은 상태'로 여기신 듯했다.

사실 그분뿐만 아니라 명상이나 수행 중 그런 종류의 체험을 했다고 하셨던 다른 몇몇 분들을 만난 적이 있다. 저자가 만난 모든 분이 그렇지는 않았지만 그중 몇몇 분은 공통적인 말씀을 하셨다.

바로 자신이 체험한 그 감각적인 체험이 곧 깨달은 상태였고 고로 자신은 깨달은 부류의 사람이라는 말이었다.

그런데 뭔가 이상했다. 정말로 그들이 상위 차원에서의 깊은 깨달음과 그것에 관련된 통찰을 얻었다면, 이미 그들의 내적 자원(리소스)은 그 통찰에 맞추어 재정렬되었을 것이다. 그리고 그들이 겪고 있는 현실과 삶은 완전히 바뀌었어야 한다. 그들의 잠재의식은 이미 의식과 하나로 움직이며 물질 세상에서의 삶을 관리하고 있을 것이다.

그러나 그 얘기를 하고 있는 그들은 여전히 자기 자신의 기저 욕구나 감정조차 보지 못하고 있었고, 자신의 내적 자원에 휘둘려 다니며 그들의 삶 또한 한눈에도 찌들어 있는 모습이 역력했다.

이것은 전형적으로 감각적인 신비체험을 깨달음의 상태나 자신의 본질과 일치된 상태로 오인하는 것이다.

적어도 저자가 울트라 뎁스®를 통해 알게 된 사실은 우리의 본질인 잠재의식에 다가가는 것과 내적인 성장은 그러한 생리적이고 감각적인 느낌 차원의 것과는 무관하다는 사실이다.

이것은 마치 최면 시에 내담자가 자신이 최면에 들었다는 것을 어떤 특정한 감각적인 '느낌'이나 변성된 것 같은 '느낌'을 기준으로 인식하고 판단하려 하는 일부의 경우와 비슷하다.

온몸의 차크라가 열리고 육감적인 능력들이 활성화되고 신체에 흐르는 에너지가 트이고 심지어 초능력(?) 같은 놀라운 감각까지 생기고….
그런 것들이 주는 이점들이 있겠지만 정작 현실 속의 삶이 변하지 않는다면 그것은 결국 혼자만의 만족감이나 놀이일 뿐이다.

감각적, 에너지적 민감성의 증가를 내적, 영적 성장과 일치시킨다거나 하는 이런 일은 비슷한 것을 추구하는 많은 사람들이 빠지기 쉬운 감각과 무의식의 함정이다.

심한 경우, 출발과 처음의 의도는 좋았지만 그 과정에서 잘못된 길로 빠지면서 결국 영적 컨셉을 가진 에고 파트의 고착만 더욱 강화시키는 결과로 남을지도 모른다.

소통의 본질

이 책의 시작에서 세 가지 차원에서의 커뮤니케이션(소통)에 대해 언급했듯이 우리는 다양한 소통 채널을 가지고 있다. 이것은 다른 각도에서, 외부를 향한 소통과 내부를 향한 소통 측면으로도 생각해볼 수 있다.

최면은 외부와 내부, 양방향 모두를 위한 유용한 소통의 도구로 사용될 수 있기 때문에 전작의 서두에서 저자는 최면을 학습과 소통의 도구라고 언급했었다.

외부를 향한 소통은 매우 광범위하겠지만 그중에서도 특히 에고 파트 개념을 기반으로 한, 의식 수준의 개인들 간의 소통을 다루는 체계들이 있다.

주로 교류 분석 등의 접근이 이에 해당한다. 교류 분석 또한 파츠 테라피와 마찬가지로 폴페던의 개념에서 기인한 접근이지만, 사람과 사람 간 에고 파트의 의사소통 패턴에 대해 많은 부분을 할애하고 있다.

반면 파츠 테라피 계열의 접근법들은 주로 한 개인이 지닌 에고 체계 내의 의식적, 무의식적 파트 간의 소통에 중요성을 두고 있으며 이는 내부적인 소통에 초점을 맞추고 있다.

울트라 뎁스® 프로세스의 소통 역시 내부적인 소통에 맞추어져 있지만, 이는 의식과 무의식적 파트들 간의 소통을 넘어선 잠재의식과의 소통에 보다 초점을 두고 있다.

따라서 최면 내에서의 파츠 테라피나 울트라 뎁스® 프로세스 등의 접근은 서로 겹쳐지지 않으며 연장선상의 다른 영역에 대한 소통을 다루는 것이다.

우리의 의식적인 이해나 사고, 소통의 과정에서는 프레임이란 것이 동반된다. 프레임(frame)이라는 단어는 '틀'을 뜻한다.

우리의 에고적 사고에는 늘 '프레임'이란 것이 존재한다. 이것은 의식적이기도 하고, 무의식적이기도 하다. 우리는 시중에서 프레임에 대해 다루는 수많은 책을 볼 수 있다.

최면이라는 분야 특히 최면으로 상담하는 분야에서도 '프레임'을 다루는 것은 대단히 중요한 요소이다. 내담자가 가진 문제와 연관된 무의식적 프레임을 변화시키는 것이 결과로 직결될 수 있기 때문이다.

일상 속 타인과의 소통 상황이나 간접최면, 대화최면 등의 분야에서도 이런 프레임을 파악하고 다루는 것은 중요한 요소 중 하나이다. 즉, 누군가를 설득하거나 나의 관점을 효과적으로 전달하기 위한 기술이란 점에서 이것은 매우 유용한 도구가 될 수 있다.

이것을 효과적으로 다루는 것은 인간관계나 사업, 소통의 과정에서 윤활제와 훌륭한 도구의 역할을 할 수 있을 것이다.

그러나 이러한 도구가 소통의 본질이며 전부인 듯 생각하는 것은 분명한 착각이다. 단순히 상대방의 프레임을 나의 프레임으로 대체하는 것은 진정한 소통이 아니다. 영향력을 행사하는 것과 서로 간에 소통한다는 것은 다른 것이다.

만약 미성숙하고 상대방에 대한 존중이 없는 어떤 사람이 연애관계에서 이런 기술을 적용해서 상대에게 의식적, 무의식적으로 어필하고 호감을 얻었다고 치자. 그러나 이렇게 얻은 일시적인 호감이나 관계가 과연 얼마나 지속될 수 있을 것 같은가?

이것은 마치 내 눈에 덧씌워져 있는 색안경을 자각하지 못한 채 내 눈에 비치는 상대방의 색깔을 바꾸려고 하는 것과 유사한 것이다.

진정한 소통은 프레임을 넘어서는 것에 있다. 다시 말해 이것은 '나'와 '너'의 프레임을 넘어설 때 일어난다. 나의 프레임에서 벗어날 수 있을 때 비로소 진정한 상대의 모습이 보인다.

그러한 종류의 소통은 상대방의 본질에 대한 존중이 담겨 있다. 그리고 무엇보다 그런 타인과의 진정한 소통 이전에 자기 자신과의 소통은 필수적인 과정이며 이 과정에서 자신의 내적 성장 또한 동반된다.

즉, 자기 자신이 먼저 열어지기 시작했을 때 스스로의 본질을 자각할 수 있고 다른 존재의 본질과도 소통할 수 있는 것이다. 스스로 자신의 에고 파트가 만들어내는 무의식적 프레임에서 벗어나는 순간을 경험한다는 것은 어쩌면 우리 에고에게 가장 어려운 문제이다.

여기서 '무의식적'이라는 단어를 사용했듯이 이것은 대개 의식적으로 인지조차 하지 못한 채로 지극히 당연하고 자연스러운 어떤 것으로 여겨지기 때문이다.

그러나 짧은 순간이나마 그것을 경험하는 찰나에, 상대의 의식과 무의식을 넘어선 본질과의 소통이 일어나게 된다.

유물론적 사고관에서 바라본다면 다소 이해하기 힘든 이야기로 들릴 수 있지만, 이것은 비단 사람과의 관계에서만 국한되는 것이 아니라 세상에 존재하는 모든 동물과 식물, 심지어 사물들과의 소통으로도 확장될 수 있다. 소통이란 꼭 언어적이고 인지적인 대화의 측면만 존재하는 것이 아니기 때문이다.

나를 포함한 모든 존재는 에너지를 지니고 있으며 그러한 에너지, 그리고 그것을 넘어선 존재의 본질과 교감하게 될지도 모른다.

만약 이런 것이 가능하게 된다면 언어적인 대화가 시작되지 않아도 그 사람과 접하는 주위의 모든 이들은 변화가 시작될 수 있을 것이다. 왜냐하면 전작에서 언급한 것처럼 관찰자로서의 나 자신의 상태가 바뀌었기 때문이다.

이렇게 할 수 있을 만큼 순수한 에고는 흔치 않으며, 이것은 개인의 성장과 연관되므로 하루아침에 만들어지는 것 또한 아니다. 저자 역시도 그런 순수함을 추구하고 있지만 아직은 그것을 갖출 만큼 충분히 성숙하지 못했음을 자각하고 있다.

그러나 우리 사회 어딘가에 이미 에고의 상자로부터 깨어나고 앞서나가고 있는 사람들은 군데군데 숨어 있다.

저자를 포함한 많은 비슷한 것을 추구하는 독자들이 이것을 당장 할 수 없다 하더라도 괜찮다. 이것을 늘 인식하고 있는 것 자체가 그것의 시작점이 될 수 있기 때문이다.

서울에서 열린 울트라 뎁스® 프로세스 수업 중 있었던 일이다. 당일 수업 중에 진행해야 할 시연이 있었기 때문에 저자는 수업이 시작되기 전 그것을 준비하기 위해, 풀 스테이징이 완료되어 이미 안정화 단계에

최면, 써드 제너레이션 : 에고를 넘어서

접어든 한 선생님과 잠시 개인적으로 시간을 내어 그분이 성취한 상태들이 안정적인지 확인하고 있었다.

저자는 그분의 키워드를 말해서 즉각적으로 씨코트 상태에 들게 했고, 이후 그 선생님의 의식이 배제된 완전한 씨코트 상태를 얻었음을 몇 가지 징후들을 통해 확인했다.

그런데 그때 그 선생님의 '로샤'라는 이름의 잠재의식과 언어적인 대화가 시작되었고 그 선생님에게 필요한 몇몇 개인적인 이야기를 나누게 되었다.

대화의 말미에 그분의 잠재의식은 상태에서 돌아 나왔을 때 자신의 의식에게 전해달라며 개인적인 메시지 하나를 남겨주었다. 그 메시지는 다음과 같았다.

"말리는 아빠와 가족과 집을 지켜야 한다는 의지가 너무 강해서 자신의 생명줄을 놓지 않고 있습니다. 자신이 누워서 움직이지 못하니까 나오지 않는 목소리로 계속 짖고 있습니다. 이제 아빠와 가족, 집을 지키지 않아도 된다고 직접 말리에게 얘기하라고 전해주세요."

저자는 말리가 누구인지 도무지 무슨 이야기인지 알 수 없었지만, 그렇게 말하면 알 것이라는 말에 상태에서 돌아 나오게 한 뒤 그 선생님께 잠재의식으로부터 들은 메시지를 그대로 전달했다.

그 얘기를 전해 들은 선생님은 무엇을 얘기하는지 충분히 알겠다며

고개를 끄덕이셨다. 그 선생님의 말씀에 따르면 말리는 집에서 기르는 16살 된 반려견으로, 골반에 생긴 종양 때문에 1년 전부터 걸을 수 없게 되었지만 많은 나이로 인한 위험성 때문에 수술을 포기했다고 한다.

당시 그 선생님은 몇 주 전부터 깊은 섬냄불리즘을 넘어선 더욱 깊은 상태를 경험하며 잠재의식이 활성화되기 시작했기 때문에 이미 생활 속에서 잠재의식의 협력으로 말리와 가벼운 교감을 시작하고 있었다고 한다.

잠재의식은, 그에게 말리는 담담히 자신의 생을 정리하고 있다고 전했고 현재 소장 부위에 약간의 통증을 느끼고 있다는 것을 알려주며 어떻게 대처해야 하는지 그 구체적인 방법까지 알려주었다고 한다.

그의 의식은 자신의 생일까지만이라도 말리와 같이 있을 수 있었으면 좋겠다는 개인적인 바람이 있었고, 이 메시지를 전달받은 날에는 집으로 돌아가 말리에게 아무런 말도 하지 않았다.

그리고 어느덧 시간이 흘러 그가 말했던 자신의 생일이 되었고, 그는 반려견 말리와 눈을 맞추고 이야기했다.

"말리, 이제 아빠와 엄마, 형, 우리 집을 안 지켜도 돼. 넌 평생을 다해 우리를 지켜줬으니까 이제 아빠가 말리 널 지켜줄게. 아무 걱정하지 말고 그냥 편안하게 쉬면 돼."

놀랍게도, 그의 잠재의식의 메시지처럼 그날 이후 말리는 더 이상 나오지도 않는 목소리로 힘겹게 짖어대던 행동을 멈추었다.

그리고 얼마간의 시간이 지난 어느 날, 말리를 데리고 바람을 쐬던 중 말리로부터 오는 울림이 잠재의식을 통해 전달되었다고 한다.

'아빠, 이제 떠날 때가 왔어요.'

그는 이미 앞이 보이지 않는 말리의 눈동자가 자신을 계속 따라오는 것이 무엇을 의미하는지 알 수 있었다고 한다. 그는 말리가 자신의 생일 까지만 이라도 함께 있게 해달라던 바람이 이루어지고 나니, 내심 그냥 계속 이런 시간을 더 보내고 싶었다.

그리고 그때 자신의 잠재의식으로부터의 메시지가 느껴졌다고 한다.

"이제 말 한마디면 말리는 이번 삶을 마치게 됩니다. 누구도 다른 생 명의 시작과 끝을 명령할 수 없어요. 하지만 자신의 애정이 다른 생명의 새로운 시작을 방해해서는 안 돼요. 지금 말리는 몸에 수분을 저장하지 못해서 말라가고 있어요. 혈액에 요산이 많아 숨 가쁜 고통을 느끼고 있 습니다. 하지만 아빠가 물으면 고통이 없다고 표현하고 있어요. 말리는 지금 자신이 살아갈 시간 이상을 살고 있어요. 과연 이것이 말리에 대한 사랑일까요?"

그는 이것에 대해 이렇게 답했다.

"이것이 말리에 대한 집착인 걸 압니다. 말리와의 이별을 준비했지만 아직 말리에게 조금만 더 시간을 달라고 하고 싶어요."

그러자 그의 잠재의식은 이런 메시지를 주었다고 한다.

"지금 우리는 무엇을 해야 하는지 스스로 잘 알고 있어요. 지금 이 순간이 무의식과의 관계를 강화할 때인지, 말리와의 사랑을 강화할 때인지 잘 알고 있어요."

"그저, '말리 잘 가' '또 만나' '사랑해'라고 말해주면 됩니다."

그렇게 그는 반려견 말리와의 17년을 마무리했고, 말리는 자신의 바람대로 아빠의 품에 안겨서 조용히 눈을 감았다.

그는 이후에도 자신의 잠재의식을 통해 우리 삶에 공존하는 동물, 식물, 사물 등 여러 존재와 즐거운 소통과 통찰을 얻으며 자신의 여정을 계속하고 있다.

때때로 그런 대상들이 알려주는 정보는 매우 놀랍다. 의식적으로 전혀 알 수 없거나 이전에 결코 배운 적도 없는 놀라운 정보나 통찰을 정확히 전달해주기도 하고 의식적으로 생각도 할 수 없었던 어떤 문제에 대한 방법과 그 해결책을 전해주기도 한다.

한 가지 예로 집 마당에 20여 년 된 큰 감나무가 한 그루 있었는데, 누가 봐도 건강하지 못하다고 말할 만큼 약해 보이는 나무였다. 봄이면 감꽃이 많이 피지만 감이 열리면 그것이 채 익기도 전에 진균에 감염되거나 썩어버려 엄청난 수의 감들이 바닥에 떨어져서 마당을 엉망으로 만들곤 했다.

잠재의식의 중재로 감나무와 교감하기 시작했고 그의 잠재의식은 그 감나무가 아픈 것은 아니지만 건강한 상태 또한 아니라는 메시지를 전해주었다.

그는 그 나무를 돕고 싶은 마음이 들었지만 자신이 나무에 대해 아는 지식이 없어 잠재의식에게 그 방법을 알려달라고 요청했다.

잠재의식으로부터 온 메시지를 종합해보면, 지금 감나무가 서 있는 이 땅은 바다를 메워서 논을 만든 간척지 바로 옆이기에 땅에 염분이 너무 많아서 감나무가 힘들어한다는 것이었고 그 감나무에게는 염분이 거의 필요치 않다는 것이었다.

그 메시지를 전달받은 그는 '간척지라면… 우리나라에 간척사업이 많았던 1970년대에 만들어진 간척지인가?' 하고 생각했다고 한다.

그런데 잠재의식은 그보다 훨씬 이전인 약 200여 년 전에 간척된 곳이라는 메시지를 전달해주었다.

그는 '아니, 200년 전에 어떻게 간척을 했다는 거지?'라는 긴가민가한 마음을 갖고 교감을 계속했다.

계속해서 그의 잠재의식은 그런 이유로 이 지역에 지하수가 많이 필요한 소, 돼지, 닭, 오리 등을 키우는 축사가 없는 것이고, 염분이 땅으로 퍼져서 밭이나 논 식물은 피해가 없지만 그 감나무처럼 뿌리를 물 쪽으로 내려야 하는 생명체에게는 힘이 든다는 메시지를 전했다.

또한 은행나무라 불리는 생명은 이를 잘 견뎌낸다고 하며, 이 지역의

다 큰 나무들은 비나 눈이 주는 수분만으로 충분하지만 그 감나무를 포함한 이 지역 나무들은 7일에 한 번 정도 물을 듬뿍 주어야 한다고 전했다.

또한 난생처음 들어보는 화학 성분이 없는 특정 이름의 유기질 비료를 지칭하며 그것을 이 감나무에게 주라고 했다. 또한, 물이 흐르는 방향을 살펴서 지대가 높은 쪽 1m 정도에 30cm 깊이로 묻어달라며 그것을 주는 방법까지 구체적으로 알려주었다.

그리고 주변의 나무들에게 필요한 다른 구체적인 작업들까지 전해주었다고 한다.

그는 살아오면서 이런 쪽으로는 문외한이라 어떠한 배경 지식도 없었지만, 그냥 잠재의식이 전달해주는 나무에게 필요한 작업들을 받아들이고 그대로 실천했다.

그리고 그 조치들을 취한 이후에 그 나무들은 모두 거짓말처럼 매우 무럭무럭 건강하게 잘 자라고 있다고 한다.

또한 이후 잠재의식을 통해 전달받았던 메시지에 호기심이 생겨 자신이 사는 지역에 대해 조사해보니 그곳이 정말 약 200여 년 전 조선 시대 경종 시절 우리나라 최초로 바다를 메워 농경지를 만들었던 간척지 지역이었음을 확인하고서 매우 놀랐다고 한다.

여기에서 소개하는 사례들은 극소수의 작은 일례에 불과하다. 더욱 놀랍고 풍부한 사례들이 많이 있지만 독자들의 에고적 욕구를 자극하거나 불필요한 오해를 주지 않기 위해 글의 목적에 맞도록 가벼운 사례만 기술함을 밝힌다.

혹자는 이러한 사례들을 보고 '에이, 지능이 낮은 개나 지능이 없는 나무와 어떻게 교감하고 소통한단 말이야?'라고 생각할지도 모른다.

만약 우리가 배워왔던 유물론적인 관점만이 옳고 교과서에서 배운 것들에 기반을 둬서 세상이 움직이고 있다면 이런 일은 결코 일어날 수 없는 일이다. 분명한 사실은, 이것은 누구나가 가지고 있는 우리 내면의 잠재의식의 힘이라는 것이며 그것과 함께하는 인생을 사는 에고들과 그것과 단절되어 살아가는 에고들이 각각 존재할 뿐이라는 것이다.

앞선 종류의 소통은 의식 수준에서 단독으로 할 수 있는 소통이 아니다. 만약 그것이 의식과 무의식 수준에서만 일어난다면 그것은 단지 그 사람의 에고 파트에서 나오는 상상이나 공상, 또는 망상일 뿐이다.

잠재의식은 세상의 모든 것들과 교감할 수 있다. 물론 그 교감의 방식은 언어라는 도구가 아니다. 일부 사람들의 의식이 직접 교감할 수 있는 것은 그들의 잠재의식이며 잠재의식을 통해 다른 대상의 에너지와 교감하게 되는 것이다.

의식이 자신의 잠재의식과 소통하는 것은 에고 체계의 자동적 고착에서 벗어날 수 있는 순수함에 다가가기 전에는 거의 불가능하다.

결국 모든 것에 우선하는 것은 자신과의 소통이다. 자신의 잠재의식과 소통을 배제하고 다른 존재나 대상과 소통한다는 것은 결국 에고 파트의 망상일 뿐이다.

그리고 그러한 소통의 질을 높이는 것은 씨코트 상태를 성취하는 것만이 전부가 아니라 우리의 인생에 동반된 정화의 과정인 것이다.

어떤 의미로는 이런 정화의 과정들이 소통보다 더욱 중요한 과정일 수 있다.

그러나 독자들이 이런 사례들을 보고, 누구든지 깊은 상태만 성취하면 이런 형식의 자유로운 소통과 교감 능력(?)을 얻을 것이라고 오해하지는 않았으면 한다.

깊은 이완은 분명히 내면의 잠재의식의 영감에 닿을 가능성을 높여주고 활성화시켜주지만, 모든 사람들의 잠재의식이 동일한 형식으로 표현되지 않기 때문이다.

또한 저자는 적절한 가이드 없이 이러한 소통을 자기 수련 등으로 흉내 내거나 추구하는 것에는 강력하게 반대하는 입장이다. 왜냐하면 그러한 대부분의 소통이 잠재의식과의 소통이 아니라 특정 에고 파트와의 소통으로 빠질 확률이 99%이며, 우리의 의식은 결코 잠재의식의 메시지와 특정 에고 파트의 개입을 구분할 수 없기 때문이다.

옛말에 '자라 보고 놀란 가슴, 솥뚜껑 보고 놀란다'라는 말이 있다. 이것은 마음의 필터를 간단히 나타낸 말이다.

속담에서처럼 무의식의 경험에 의해 솥뚜껑을 보고 놀라는 반응은 의식이 금방 그것이 잘못된 반응이었음을 알아차리겠지만, 진짜 문제는 의식이 그것을 알아차릴 수도 없이 무의식 깊이 각인되어 삶에서 드러나는 자원들이다.

힘을 준 채로 행하는 소통은 결국 현실과는 동떨어진 무의식 속 망상과의 소통일 뿐이다. 아무리 어떤 영감적 메시지에서 출발했더라도 그것을 수신하는 의식적, 무의식적 에고 파트가 어떤 컨셉을 입고 있는지에 따라 이미 그것은 왜곡되기 시작되고, 그 과정에 자신도 모르게 무의식적 욕구나 에너지들이 결합하게 된다. 이것은 결국 배를 산으로 가게 만들고 영감으로 위장된 망상으로 남게 만들 수 있다.

잠재의식 케오라는 '내면의 메시지가 영감인지 망상인지 혼란스러울 때는 눈앞의 현실을 보라'고 했다.

진정한 소통은 힘을 빼고 놓아버리는 것에서 출발한다.

진정한 나 자신과의 소통, 있는 그대로의 타인과의 소통, 심지어 다른 동식물과의 소통, 모든 사물이나 존재 자체에 서려 있는 에너지와의 교감은 결코 내 안의 것들을 놓아버리고 순수함으로 돌아가기 전에는 얻어지기 어려운 것들이다.

10여 년 전 TV 동물농장이란 프로그램에 하이디 라이트라는 이름의 애니멀 커뮤니케이터가 출연했다. 그녀는 이미 해외에서도 명성이 자자한 애니멀 커뮤니케이터였는데, 그녀가 한국에서 방송을 통해 보여준 장면들은 큰 화제가 되었다.

어느 누가 와도 마음을 열지 않던 다양한 동물들과 소통을 통해 해당 동물들이 극적으로 변화하게 되는 사례들은 많은 사람에게 감동을 주기에 충분했다.

하이디가 보여준 그런 종류의 교감과 소통은 의식적으로 행하는 단순한 '기술'이 아니었다. 어쩌면 그녀는 본능적으로 자신의 잠재의식을 통해 동물들과 소통할 수 있게 되었는지도 모른다.

사실상 누구나의 잠재의식은 그 이상의 것들을 행할 수 있지만 단지 어떤 이유로 우리의 의식과 무의식 수준에서 그것을 막거나 부정하고 있을 뿐이다.

최면과 같이 소통이나 교감과 접해 있는 영역을 다루는 사람들은 기계적인 기술만으로는 한계에 직면할 수밖에 없다. 그 기술을 다루는 이면의 영감적인 '존재'가 더욱 중요하기 때문이다.

저자는 한낱 기술을 다루는 '기술자'일 뿐이지만 언젠가 그러한 영감적인 기술자로 남고 싶다.

그것의 키(key)는 바로 잠재의식에게 있다.

잠재의식이 참여하는 작업은 아무것도 없는 빈 종이를 돈을 주고도 살 수 없는 예술작품으로 만들어줄 것이다.

의도(意圖)의 비밀

이번 글에서는 매우 중요하지만, 최면이나 메즈머리즘과 연관된 어떤 교육에서도 언급되지 않았던 한 가지에 대해 언급하려 한다. 그것은 바로 유도자 또는 메즈머리스트의 '의도'에 관한 것이다.

저자는 전작에서 유도자가 가져야 하는 선의지나 의도에 관해 언급했었다. 그것은 메즈머리즘을 비롯한 울트라 뎁스® 프로세스 그리고 울트라 뎁스®에 포함된 비시티(Visity) 등을 언급함에 있어 늘 강조되는 말이기 때문이다.

대단히 중요한 것이지만 전작을 읽은 많은 독자분들이 그 부분을 단지 윤리적인 마음가짐에 대한 언급으로만 치부하고 넘어갔을지도 모른다.

그러나 정작 이 '의도'란 것에 대해 그러한 기술들을 가르치는 사람들을 포함한 많은 사람들이 오해하고 있는 것이 있다.

의도란 '뭔가를 하고자 하는 생각'이라 할 수 있다. 이것은 매우 의지적인 것이며 우리는 뭔가를 행할 때 대개 의도란 것을 가진다.

만약 우리가 누군가를 도우려 한다면 상대방을 돕기 위한 이타적이고 선한 의도를 가진다. 메즈머리즘을 비롯한 울트라 뎁스® 프로세스에서도 이러한 선한 의도는 기본이 되어야 한다.

우리의 의식은 단순히 어린 시절부터 습득됐던 보편적인 윤리나 도덕에 입각한 행동을 선한 것으로 생각한다.

그러나 과연 이렇게 의식적으로 긍정적이라고 입력된 의도만으로 충분할까?

결론부터 말하자면 결코 그렇지 않다. 오히려 이것은 뭔가를 작동하지 못하게 하거나 그릇된 결과로 이어지게 할 수도 있다.

특히나 깊고 미묘한 에너지가 오가는 작업 중의 이러한 '생각'은 오히려 흐름을 방해한다. 그리고 비단 작업 중에 유도자가 취해야 할 마인드뿐 아니라 애초에 이 작업을 바라보는 유도자의 의도 역시 마찬가지이다.

우리가 갖는 의식적 의도는 무의식적 자원에 기반을 둔 것과 잠재의식적(영감적)인 것에서 비롯되는 의도가 있다.

예를 들어 타인을 돕는 것을 좋아하는 성향의 누군가가 주위의 불쌍한 사람을 챙겨주고 도움을 주었다. 그리고 도움받은 상대방으로부터 너무나 고맙다는 인사를 받았다. 그는 그런 행위를 하는 자신도 매우 보람을 느꼈다. 이 행동은 다른 사람이 보기에도 매우 훈훈한 정이 오가는 행동이며 선한 의도를 가진 좋은 행동으로 여겨질 것이다.

그런데 이 사람은 어린 시절, 가정에서 권위자나 책임자인 아버지로부터 거절당했다고 느껴왔다. 그리고 그것으로부터 자신을 보호하기 위해 타인에게 봉사하거나 기쁘게 하는 행동을 통해 사랑을 받고 있다고 느끼며 가족의 일원이 되는 방식을 습득했다. 이것은 매우 무의적으로 형성된 성향으로, 이 사람의 에고의 중요한 특성으로 발전했다.

그리고 성인이 된 이후에도 늘 남들이 원하는 행동을 하는 사람이 됨으로써 남들에게 자신의 가치를 인정받으려 해왔다.

즉, 이 사람은 의식적으로는 인지하지 못하지만 타인에게서 감사와 사랑을 받지 않고서는 자신의 정체성에 대해 좋게 생각할 수 없는 기저 욕구가 있었던 것이다.

이것은 전형적인 이 사람의 에고의 구조, 즉 무의식적 자원과 프로그램에 기반을 두어 나오는 행동이었다.

표면적으로 긍정적이고 선한 의도라 하더라도 그것의 뿌리가 내적 프로그램이나 자원들을 기반으로 한 의도와 우리의 내적 본성(잠재의식)으로부터 나오는 영감적인 의도는 완전히 다른 것이다.

단순히 반복되는 프로그램에 끌려가는 의도에 의한 결과는 어디로 흘러갈지 알 수 없다.

예를 들어 상대를 도우려고 한 행동이지만 오히려 오지랖을 부린다며 핀잔을 듣거나 결과적으로 상대방의 상황을 더욱 악화시켜 곤란한 상황에 처하게 만들지도 모른다.

이것은 세상과 나라는 존재 사이에 원활하게 흐르는 에너지 사이에서 방해물의 역할을 하게 되며 특정한 현실을 반복해서 경험하게 한다.

그러나 영감적인 본성에서 비롯된 의도와 행동은 심지어 표면적으로 부정적이거나 잘못되어가는 것처럼 보일지라도 결과적으로 현실에서 자신에게 가장 완벽하고 유리한 방향으로 흘러가게 된다.

이것은 세상과 나라는 존재 사이의 흐름과 소통을 가장 원활하게 만들어준다.

따라서 결국 찰나의 순간이라도 에고의 생각과 의도를 내려놓는 것이 곧 본성의 의도에 가까워지는 것이다.

이것은 곧 에크하르트 톨레가 '깨어남'이라고 표현한 것과 유사한 것이기도 하며 이영현 선생의 잠재의식 '케오라' 또한 워크숍과 책을 통해 이것과 관련된 부분을 줄곧 강조해왔다.

그러면 우리는 그냥 후자를 선택하면 되는 것이다. 그러나 안타깝게도 우리는 이것을 의식적으로 쉽게 선택하기 어렵다.

무의식적 자원에 기반을 둔 것이건 영감적인 의도에 기반을 둔 것이건 이것은 에고의 입장에서는 매우 자동적이고 무의식적 또는 잠재의식적인 것이기 때문에 우리는 이 둘을 구분하는 것조차 할 수 없다.

우리의 의식은 자유의지를 갖고 있다는 착각을 하고 있지만, 사실상 에고의 패턴 속에 갇혀서 꼭두각시임을 인식하지 못한 채 꼭두각시로 살고 있다.

저자는 앞서 말한 '깨어남' 또는 '현존'과 같은 맥락의 상태를 만들기 위해 해외의 몇몇 단체나 사람들이 이러한 상태에 드는 것을 기법화해서 자신 또는 타인에게 사용하는 것을 본 적이 있고 이런 종류의 기법들을 직접 배워보기도 했다.

그러나 단연코 말하건대 의식이 이러한 위치에 서는 것은 특정한 기법이나 의식(儀式)이 강제적으로 만들어주는 것이 아님을 명심해야 한다.

'현존' 또는 '깨어남'은 결코 기법이나 단일의 테크닉으로 얻을 수 있는 것이 아니기 때문이다. (이것은 잠재의식 '케오라'로부터 나온 말임을 밝힌다.)

그들은 그런 기법을 통해 자신이 '현존' 상태로 있다는 또 다른 에고적 착각 속에 빠진다. 이것은 정말로 중요한 어떤 것을 놓치는 것이다.

역설적이게도 현존 상태는 오히려 우리가 느끼는 존재감을 내려놓는 것과 연관된다. 우리가 평소 느끼는 존재감이란 것 자체가 실은 에고에 대한 인식이기 때문이다. (이 '현존'은 결국 에고에 대한 인식을 말하는 것이 아니다.)

이것은 자기관찰과 '현재에 깨어 있음'이 반복되며 영적인 자기성장의 길에 동반되어 점진적이고 자연스럽게 얻어지는 것이며, 그것은 곧 잠재의식으로부터 나오는 의도에 일치되는 순간이 늘어감으로써 자연스레 중요한 순간의 의식적인 행위와 일치되게 된다.

결국 에고의 의도를 내려놓을 수 있을 때, 비로소 잠재의식으로부터 오는 힘이 발현되고 진짜 길이 열리게 되는 것이다.

이것은 '정화'와 '소통'이라는 단어와 자연스레 연결되는 것이며 단지 마음을 다루는 사람들의 목적을 위해서 뿐만 아니라, 누구나 일상에서 우리의 인생을 위해서 정화와 소통 과정이 함께해야 하는 이유이기도 하다.

의식의 선택지

모든 에너지는 유기적으로 상호작용하며 조화를 이루고 있다. 만약 에고의 의식적인 욕심과 기대감이 즉각적으로 큰 물질적 변화를 일으킬 수 있다면, 의식은 늘 그 욕심에 대한 요청을 향한 '씨크릿'에 에너지를 쏟을 것이고, 그 모든 것들의 결과로 누구도 예상치 못한 수많은 부작용을 일으킬 것이다.

멀쩡히 길을 걸어가다 5분 후에 어떤 일이 일어날지 한 치 앞의 미래도 알 수 없는 표면의식이 에너지의 거대한 흐름과 세상의 모든 만물이 섬세하게 얽혀 있는 상호작용을 어찌 감당하겠는가?

다행스럽게도, 우리의 표면의식은 그럴만한 정도의 거대한 힘을 갖고 있지 않다. 매번 의식적으로 성공의 그림을 반복해서 그려 보지만, 현실은 의식을 낙담하게 만들기도 하고 반대로 기대 이상의 성공으로 돌아오기도 한다.

이것은 표면의식 차원의 결정이 아니다. 의식이 행할 수 있는 에너지는 매우 단기적이고 제한적이기 때문이다. 이것은 마치 거대한 급류 속의 물줄기 안에 홀로 휩쓸려 떠내려가고 있는 사람이 그 물줄기를 직접 바꾸거나 통제할 수 없는 것과 같다.

다시 말해 우리의 표면의식은 물리적인 세상에 맞닿아 있고 자신이 자유의지로 모든 것을 주도해서 개척한다고 믿지만, 실제로 의식의 모든 행동과 경험하는 현실에 영향을 주는 근원적인 에너지는 내면 깊은 곳으로부터 나온다.

누군가는 뒤로 넘어져도 코가 깨지고, 인간관계라는 주제로, 돈이라는 주제로, 건강이라는 주제로 특정 주제와 연관된 고난이 반복되기도 한다. 반대로 누군가는 늘 하는 일마다 순풍에 돛을 단 듯 수월하게 풀리고 뒤로 넘어져도 이불 위에 사뿐히 넘어진다.

이러한 차이는 어디서 오는 것일까?

결국 나의 눈앞에 펼쳐지는 내가 경험하는 모든 현실은 내 안의 깊은 내면과 섬세하게 상호작용한 결과물이기에 호오포노포노 등의 분야에서는 외부를 정화하는 것이 아닌, 불편한 해당 현실을 일으키는 원인인 내부의 기억을 향해 정화하라고 말한다.

사람들은 이러한 반복되는 프로그램이나 에너지를 '카르마'라는 단어로 표현하기도 한다.

의식이 내면 깊은 곳에서 의지와 무관하게 흘러나오는 거대한 에너지에 휘둘리면서 매 순간 자신은 자유의지를 갖고 있고 모든 것이 우연이라는 착각 속에 살며, 그 큰 흐름을 예측하거나 바꾸거나 하는 것 또한 불가능에 가깝다면, 우리의 표면의식은 너무나 수동적이고 불쌍한 존재로 느껴지지 않는가?

잠재의식 '케오라'에 따르면 한 가지, 우리의 의식이 할 수 있는 가장 중요한 선택이 있다고 한다. 그것은 그저 반복되는 프로그램(에너지, 카르마 등 무엇으로 칭하건) 속에 인생을 맡길 것인지, 아니면 이 에너지를 관리할 수 있는 본질적인 자신(잠재의식)과 함께할 것인지의 여부이다.
그리고 그것은 이 책 전반을 통해 강조된 것처럼 일상 속에서 자신을 인식하고 관찰하는 성실함을 통해 얻어질 수 있는 것이다.

다행스럽게도 우리의 깊은 내면에는 기계적으로 반복되는 프로그램과 데이터뿐만 아니라, 우리의 본질적인 의식 또한 존재한다.
그것은 삶의 여정이나 갈림길에서 때때로 영감이라는 것이 뿜어져 나오는 출처이기도 하다.
이런 우리의 본성의식은 우리의 발달 단계에서 에고라는 정체성이 형성되기 시작하는 순간, 즉 가짜 '나'가 만들어지는 순간 '잠재의식'이 되어 에고의 뒤편으로 물러나 버렸다.

잠재의식, 즉 우리의 본성은 우리의 건강과 인생, 과거와 현재와 미래의 모든 것을 알고 있다.

그들은 우리의 에고와 같이 시간이라는 프레임 속에 갇혀 있지도 않으며, 무의식의 데이터에 영향받지도 않는다. 우리의 에고와는 비교할 수 없는 높은 지성을 지닌 의식이다.

인생의 여정에서 미성숙한 에고가 프로그램과 데이터들과 연합되어 착각 속에서 독주하는 동안, 의식은 잠재의식과 단절되기 시작되었다. 일부의 깨어나기 시작한 의식들이 이러한 단절을 복구하고 소통을 회복하기 위해 깨어나기 위한 수행을 하거나 자신만의 방법을 찾아 나서기도 하지만, 여전히 많은 의식들이 자신의 잠재의식으로부터 오는 소통을 무시하고 있다.

결국 우리는 에고의 힘을 빼는 것과 깨어남을 통해, 프로그램에 휘둘리는 인생이 아닌 프로그램을 관리하며 자신의 여정에 가장 유리한 경로로 안내되는 새로운 인생의 트랙에 오를 수 있다.

당신의 의식이 지금 이 순간 그곳에 있듯이, 당신의 본성 역시 활성과 소통의 차이일 뿐 그곳에 존재한다는 것을 명심하라. 바로 당신의 에고를 넘어서….

당신은 이번 삶에서 어떤 배에 탑승할 것인가….

오늘날 전 세계의 많은 최면사들은 단지 빠르게 최면을 유도하고, 빠르게 암시를 주는 것만을 선호하는 경향이 있다.

그리고 여전히 많은 사람들은 한 사람의 잠재의식과 함께 작업하는 것보다 한 사람의 에고를 통제하려는 것에 더 많은 관심을 가지고 있다.

이것은 명백히 누군가와 소통하고, 상대를 존중하며 그들의 지위를 향상시키는 작업이 아니라 사람들을 통제하려는 시도이다.

그러한 작업은 밝음으로 나아가는 작업이 아닌 어두운 측면의 작업이며, 동시에 잠재의식과 소통하는 작업이 아닌 에고의 욕심만을 채우려 하는 일방적인 작업일 뿐이다.

우리가 하려는 것은 사람들의 지위를 향상시키고 그들의 잠재의식과 소통을 행하는 것이다.

그리고 그들의 의식 수준에는 에고의 고착에서 벗어나, 보다 본질적인 자신에게 다가가는 소중한 기회와 혜택들을 제공할 수 있게 된다. 이것은 제임스 라메이 선생이 생전에 저자를 비롯한 모든 제자들에게 끊임없이 강조했던 부분이기도 하다.

깊이를 다루는 전문가들은 단지 뇌를 속이는 몇 마디 언어(말)와 기술들만으로 궁극의 래포를 얻을 수 없다는 것을 잘 알고 있다. 그러한 것들의 이면에서 작용하는 진정한 힘에 대해 경험적으로 잘 알고 있기 때문이다.

그리고 저자는 최면을 배우는 모든 사람들이 그러한 것을 접하게 되거나 경험하지는 못할 것이라는 사실 역시 잘 알고 있다.

모든 사람들이 이생에서 경험하게 될 최면이란 도구와의 인연이나 교감의 수준이 동일할 수는 없을 것이고, 자신만의 배경에서 아는 만큼만 보이고 초점을 두는 것만큼만 인식하고 받아들이려 하는 것은 우리들 에고의 전형적인 특성이기 때문이다.

이 책을 읽는 순간의 저자와 독자들 모두 각기 다른 여정에서 각자의 시기와 지점에 있다. 모든 것은 각자의 삶의 여정에서 허용하고 인식하는 만큼만 취하게 될 것이다.

신체적인 나이는 시간의 흐름과 함께 자동적으로 먹어가지만, 의식적인 성장은 매우 가변적이다. 이것은 일반적으로 말하는 정신연령을 말하는 것이 아니다.

개인의 의식적인 성숙도는 매우 제각각일 수 있고 한 생애 속에서 큰 도약과 성장을 이룩하는 경우도 있는 반면, 그대로 머무르거나 오히려 고착을 넘어 퇴화하는 경우도 있을 것이다.

따라서 지금 이 시점에 이 책을 접한 독자들 모두가 저자가 의도한 본질을 발견하지 못했다 하더라도 그것을 지극히 자연스러운 흐름의 일부로 인식한다.

어쩌면 이 책을 읽는 당신은 이미 최면이나 의식에 대해 제한하고 있는 에고적 틀을 확장하거나 벗어날 수 있을 정도의 유연성이나 성숙도를 지니고 있는 사람일지도 모른다.

저자는 모든 각 개인의 경험과 과정을 존중한다.

서두의 언급처럼 저자와 비슷한 여정에 있는 단 한 명에게라도 저자가 전하는 이것의 본질을 알아챌 기회를 제공한다면, 저자는 충분히 이 책의 목적을 달성했다고 생각하며 만족할 것이다. 이 책에서 강조한 모든 내용들은 그 한 명이 될지도 모르는 바로 당신을 위한 것이다.

잠재의식 케오라에 따르면 한 사람이 정화되기 시작하면 그 영향은 그 사람과 인연이 되는 주위 사람들에게도 닿으며 그들도 함께 정화되기 시작한다고 한다.

즉, 내가 바뀌면 나와 맞닿아 있는 많은 사람들까지 영향을 받게 되는 것이다. 나와 네가 공유하는 이 세상은 서로 연결되어 있으며 내가 경험하는 내 앞의 물리적인 현실은 내 내면의 반영이기 때문이다.

그것이 긍정적이건, 부정적이건 이것은 그 자체로 완전한 에너지의 조화이며 결과물이다. 앞서 강조했던 것처럼 여기서 말하는 정화 또는 변화는 단지 외적으로 긍정적인 행세를 하거나 표면적 수준의 변화만을 말하는 것이 아니며, 이것은 우리 내면의 깊은 영향력과 연관되어 있다.

내 의식적인 에고가 세상을 바라보는 방식, 내 무의식적 에고, 즉 내부의 무의식적 파트들이 나 자신과 세상을 바라보는 방식, 의식적 에고

최면, 써드 제너레이션 : 에고를 넘어서

가 잠재의식을 인식하는 방식, 그리고 잠재의식이 의식을 대하는 방식 등 다양한 층위의 관찰자들은 상호작용하며 현실을 이끌어간다.

불과 십여 년 전까지만 해도 저자의 모습은 유물론적인 사고관으로 무장하고 눈으로 보이지 않거나 논리적이라고 생각되지 않는 것들에 대해 철저하게 닫혀 있는 사람이었다.

그러한 시각은 이 넓은 세상을 우물 속에서 바라보게 만들었고, 오직 그 시야에서 볼 수 있는 좁고 답답하고 결핍된 세상만을 경험하게 만들었다.

내 인생을 어떤 패턴이 지배하고 있고, 또 무엇이 내 앞의 반복되는 힘든 현실을 만들고 있는지 볼 수도 없었고 보려고 하지도 않았다. 또 그것을 볼 수 있고 이해할 만큼 성숙하지도 못했다.

그러나 최면과 울트라 뎁스® 프로세스, 여러 사람들의 잠재의식들과 함께해온 기적과 같은 시간들은 과거의 나 자신이 얼마나 많은 것을 제한하는 틀 속에 갇혀 살아왔는지 돌아보는 계기를 만들어주었고, 나아가 인생 전반을 인식하고 바라볼 수 있는 새로운 시야를 갖게 만들었다.

그리고 저자가 사용해왔던 최면이라는 도구의 진정한 '가치'를 재발견하게 해주었다. 그리고 사십 대 중반이 되어서야 잠재의식의 도움을 받아 그 좁은 우물 밖으로 조심스럽게 나와 이 무한한 세상을 조금씩 인식하기 시작한 것 같다.

어린 시절에 그렇게 운동에 집착처럼 빠져 있었던 내 모습은 단지 감정으로부터 회피하기 위한 방편이었으며, 그 대상이 단지 운동이었을 뿐이었음을 이 과정을 통해 알게 되었다.

그것은 영감이나 잠재의식으로부터 온 것이 아니었으며 원래 내가 가야 할 나의 길이 아니었다는 것 또한 분명해졌다.

지금의 저자는 잠재의식의 도움으로 미래의 개인적인 인생 여정에 대해 즐겁게 한발씩 나아가고 있다. 그리고 현실 속에서 물리적인 모습으로 그것들이 하나하나 이루어져 가고 있음을 경험하고 있다.

마치 정해진 경로를 따라 체험하며 한발 한발 걸어나가고 있는 것처럼 말이다. 이제 이것은 더 이상 이해의 영역에 있는 것이 아닌 그냥 현실 속의 경험이 되었다.

어쨌든 저자의 잠재의식은 이 여정에서 최면과 울트라 뎁스®라는 도구를 매우 극적인 반전과 성장의 도구로 선택했다.

그리고 저자의 의식 또한 에고의 똑똑함보다는 잠재의식의 현명함을 따르기로 했다.

저자의 삶에 가장 큰 영향을 주었던 제임스 라메이 선생은 그와의 첫 만남에서부터 정직과 청렴, 진정성 등에 대해 강조했었다. 울트라 뎁스® 에 대한 이해가 부족했던 당시에는 이것을 단지 그의 에고적인 윤리 기준 정도로만 생각했었다.

그러나 오랜 시간이 흐른 지금, 그것이 의미하는 진짜 의미를 그가 했던 것과 같은 것들을 경험하며 자연스레 알게 되었다.

그것은 에고 파트에 학습되고 고착된 우리의 도덕적 윤리 기준이 아닌, 에고를 넘어선 우리의 본질로부터 나오는 흐름에 맡기라는 의미였던 것이다. 그리고 그의 말처럼 이것이 세계 평화로 가는 문과 연관된다는 것은 어쩌면 당연한 진술이었다.

먼 미래에 저자의 개인적인 여정을 마감할 즈음, 월터 씨코트 선생과 제임스 라메이 선생 또한 흐뭇한 미소로 맞이해주실 것이라 여기며, 남은 이 여정 동안 그와 약속한 개인적인 소임을 다할 것이다.

나의 잠재의식과 함께, 그리고 이미 협력 중인 다른 이들의 잠재의식과 함께, 또 앞으로 만나게 될 수많은 사람의 잠재의식과 함께, 재미있고 또 의미 있게 펼쳐질 여정들이 즐겁게 기다려진다.

◇ 참고문헌 ◇

1. 국내

◆ 김문수, 이혜진. (2018). 기억 응고화 또는 재응고화를 이용한 외상후 스트레스 장애의 치료. 한국심리학회지: 인지 및 생물, 30(1), 1-14.

◆ 이영현(2016). 「내 인생의 호오포노포노 - 천사들이 들려주는 이야기」. 렛츠북.

◆ 이영현(2016). 「내 아이를 위한 정화」. 렛츠북.

◆ 이영현(2016). 「내 인생의 날개를 펼쳐라 - 현실을 바꾸는 내면의 비밀」. 렛츠북.

◆ 이영현(2019). 「나는 왜 호오포노포노가 안 되는 걸까? - 천사들이 들려주는 이야기 세 번째 시리즈」. 렛츠북.

◆ 문동규(2016). 「의식을 여는 마스터키, 최면 - 메즈머리즘에서 울트라 뎁스®까지」. 렛츠북.

◆ 다치바나 다카시(2003). 윤대석(역). 「임사체험下」. 청어람미디어.

◆ 샘 해리스(2013). 배현(역). 「자유 의지는 없다」. 시공사.

◆ 최인원(2011). 최인원(역). 「EFT로 낫지 않는 통증은 없다」. 정신세계사.

2. 국외

Banyan, C.(2007). 「Level II Manual: Advanced Hypnotherapy」. Banyan Publishing.

Banyan, C.(2008). 「Level I Manual: Becoming a Master Hypnotist」. Banyan Publishing.

Binet, A. and Charles F.(2001). 「Animal Magnetism」. Adamant Media Corporation.

Braid, J.(1843). 「Braid on Hypnotism (Neurypnology)」. Julian Press.

Darnton, R.(1986). 「Mesmerism and the End of the Enlightenment in

France」. Harvard University Press.

Emmerson, G.(2003). 「Ego State Therapy」. Crown House Publishing.

Elman, D.(1970). 「Hypnotherapy. Glendale」. Westwood Publishing.

Hunter, R.(1998). 「Mastering the power of Self-hynosis」. NY: Srerling Publishing.

Hunter, R.(2000). 「Art of Hypnosis: Mastering Basic Techniques (3rd edn)」. Kendall/Hunt Publishing.

Hunter, R.(2005). 「Hypnosis for Inner Conflict Resolution: Introducing Parts Therapy」. Crown House Publishing.

Hunter, R.(2007). 「Art of Hypnotherapy (3rd edn)」. Kendall/Hunt Publishing.

James, T.(2000). 「Hypnosis: A comprehensive Guide」. Crown House Publishing.

James, T.(2001). 「Presenting Magically: Transform your stage presence with NLP」. Crown House Publishing.

Marco, P. and James C.(2007). 「Easy Guide to Mesmerism and Hypnotism」. Web Services Ltd.

Erickson, M & Rossi, E.(1981). 「Experiencing Hypnosis: Therapeutic Approaches to Altered States」. Irvington Pub.

Ramey, J.(2014). 「4.0 Training Manual 2: Ultra Depth® Process」. Ultra Depth ® International.

Ramey, J.(2014). 「4.0 Training Manual 4: Ultra Depth® Process」. Ultra Depth® International.

Tebbetts, C.(1985). 「Miracles on Demand (2nd edn)」. Thompson/ Shore.

┃ 함께하면 좋은 책

천사들이 들려주는 이야기
내 인생의 호오포노포노
이영현 지음 | 216쪽 | 13,000원

: 현실을 바꾸는 내면의 비밀
내 인생의 날개를 펼쳐라
이영현 지음 | 220쪽 | 13,000원

자녀를 사랑하는 부모들을 위한 정화
내 아이를 위한 정화
이영현 지음 | 160쪽 | 11,500원

천사들이 들려주는 이야기 세 번째 시리즈
나는 왜 호오포노포노가
안 되는 걸까?
이영현 지음 | 224쪽 | 13,000원

최면, 써드 제너레이션
: 에고를 넘어서

초판 1쇄 인쇄 2020년 03월 13일
초판 1쇄 발행 2020년 03월 20일

지은이 문동규
펴낸이 류태연

편집 류태연 **디자인** 김세민 **마케팅** 이재영

펴낸곳 렛츠북
주소 서울시 마포구 독막로3길 28-17, 3층(서교동)
등록 2015년 05월 15일 제2018-000065호
전화 070-4786-4823 **팩스** 070-7610-2823
이메일 letsbook2@naver.com **홈페이지** http://www.letsbook21.co.kr

ISBN 979-11-6054-356-8 03180